美日好包

BAG A GOOD DAY

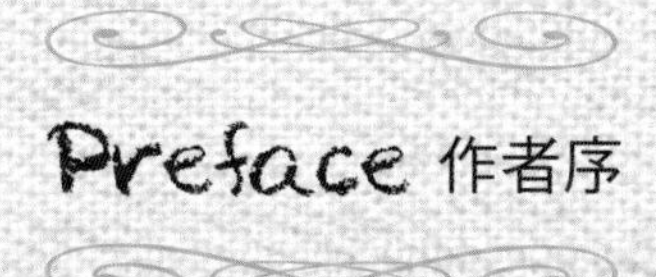

人生是一條奇妙的道路，每次峯迴路轉的景色、遇到的人事物，都會改變你的觀念及想法，並決定你的態度與做法，產生了完全不同的結果與際遇。

在某個彎，我選擇了服裝設計，以為會在服裝界過一生。哪知下一個彎走上了拼布教學之路，在這段路上碰到了以往不可能有交集的人、事、物，讓我的人生經歷更充實圓潤。而這段不同的人生體悟，不只呈現於平時待人處事的態度作法，連帶作品也展現了與早期不同的風格技法。

不知不覺也來到了可以展開第二段人生的轉捩點，那就是退出職場，追求不同的生涯規劃，做自己喜歡的事，過自己喜愛的生活。在這個大彎裡，幸運之神更關愛我，認識了Moya，讓我的努力及專業得以盡情的揮灑自如，更自由自在地把創意化為作品，呈現給各位讀者。

我喜愛美式布料帶給我多采多姿、活潑大器的感覺，傳統上多利用它多樣的配色作成拼被、壁飾、傢飾來呈現其磅礡的氣勢，與正面的力量。若應用到時尚袋物上，常被認為太搶眼而不易搭配服裝。多年來我一直想克服此點，剛好要籌劃本書，因此列為第一考量。

本書雖然大量使用美式布料，卻有別於以往的熱鬧搶眼，走出非常不同且略帶優雅的「美式禪風」，並且能夠搭配穿著，創造出獨一無二的個人風格，希望讀者會喜歡。

感謝每一位我認識的人，因為有你，才造就如今的我，與大家共同分享我的喜悅。

6

15

26

33

Contents

38

45

54

62

Contents 目錄

印花魅力多層公事包 6

奔馳樂活多用背包 15

普普風活力提包 26

甜心派雲朵肩包 33

英倫風大都會肩背包 38

玩味復刻後背包 45

色覺系耍花漾扣帶包 54

雅痞都會紳士包 62

超威！萬用工具袋 70

率性學院大書包 79

技巧運用

貼式口袋作法 89

一字拉鍊口袋作法 90

配件使用

常用工具 91

常用配件 92

磁釦安裝 93

鉚釘安裝 94

四合釦安裝 95

印花魅力多層公事包

簡約大方的雙面式掀蓋，
正好襯托出印花圖案的主題魅力，
在繽紛活力中又能保持風雅的儀態。
最適合身兼數職的妳，展現創意的自信。

01 印花魅力多層公事包

● {完成尺寸約：37 公分 × 23 公分 × 9.5 公分}

Materials 材料準備

- 布料 3 色各 1 碼
- 3 公分寬織帶 100 公分
- 1.4 公分磁釦 5 個
- 內徑 3 公分口型環 4 個
- 18 公分拉鍊 1 條
- 40 公分拉鍊 1 條
- 2.5 公分寬腰帶襯 40 公分
- 厚布襯 4 尺
- 薄布襯 4 尺

Cutting and Fusing Instructions 裁布

裁切尺寸皆已含 0.7 公分縫份

布料 A	外口袋袋蓋	依紙型 4 片	2 片燙厚布襯為表布、2 片燙薄布襯為裡布
	側身	依紙型 2 片	燙厚布襯
	拉鍊口布	4 公分 × 30.5 公分 × 4 片	燙未含縫份厚布襯
	背帶布	8 公分 × 52 公分 × 1 片	
	拉鍊擋布	4 公分 × 6 公分 × 2 片	
布料 B	外口袋	依紙型 4 片	2 片燙厚布襯為表布、2 片燙薄布襯為裡布
	表袋身	依紙型 2 片	燙厚布襯
	背帶布	8 公分 × 52 公分 × 1 片	
	吊耳	7.5 公分 × 10 公分 × 4 片	燙厚布襯 3 公分 × 8.5 公分（參考步驟 14）
布料 C	裡袋身	依紙型 2 片	燙厚布襯
	絆釦	依紙型 2 片	燙未含縫份厚布襯
	雙層內口袋	72 公分 × 38.5 公分 × 1 片	依步驟 26 燙薄布襯
	裡貼式口袋	30 公分 × 28 公分 × 1 片	燙薄布襯 30 公分 × 14 公分
	裡一字拉鍊口袋	22 公分 × 40 公分 × 1 片	燙薄布襯

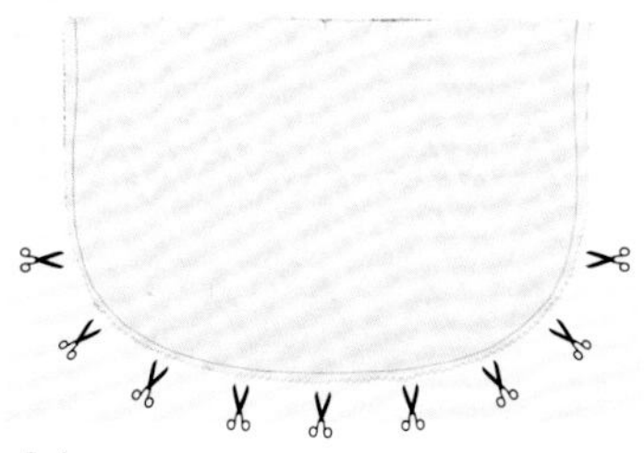

01 將外口袋袋蓋表裡正面相對，車縫 U 字型，弧度處剪牙口

02 翻回正面整燙，沿邊 0.2 公分壓裝飾線，依紙型位置於外口袋袋蓋裡布裝上公磁釦，如此完成 2 組外口袋袋蓋

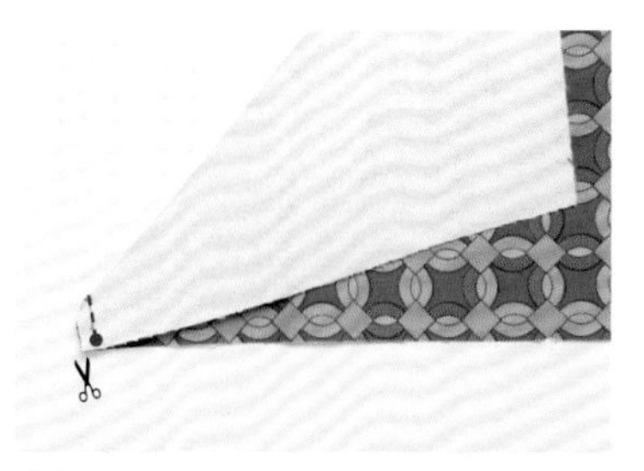

03 將外口袋打褶車縫處對齊車縫至止點，修剪多餘縫份

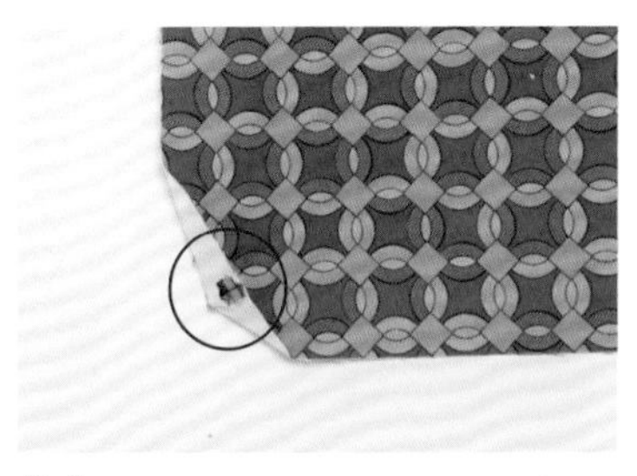

04 將縫份燙開，如此完成外口袋表裡共 4 片之打褶

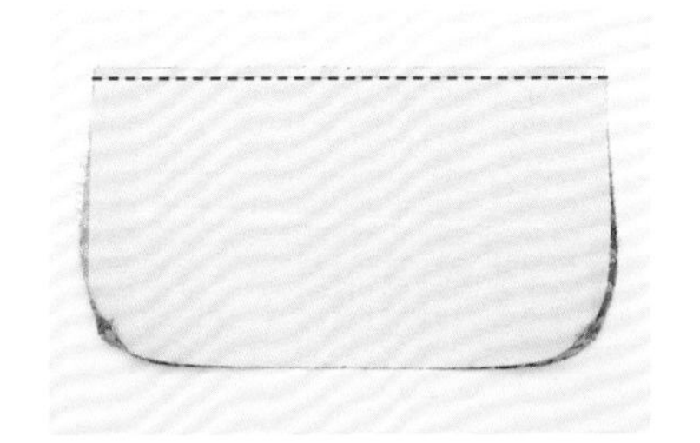

05 將外口袋表裡正面相對，車縫上方

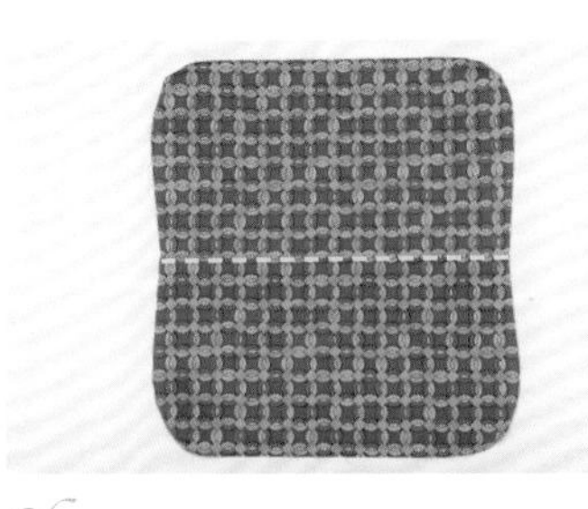

06 縫份倒向裡布，沿車縫邊於裡布 0.2 公分臨邊壓

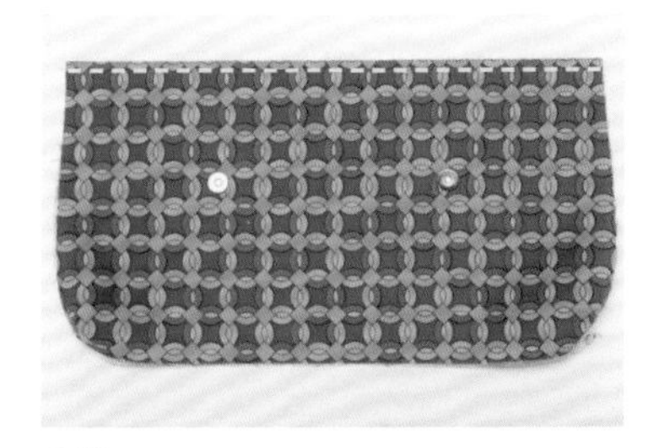

07 將外口袋表裡背面相對，沿車縫邊 0.7 公分壓裝飾線，依紙型位置於外口袋表布裝上母磁釦，如此完成 2 組外口袋

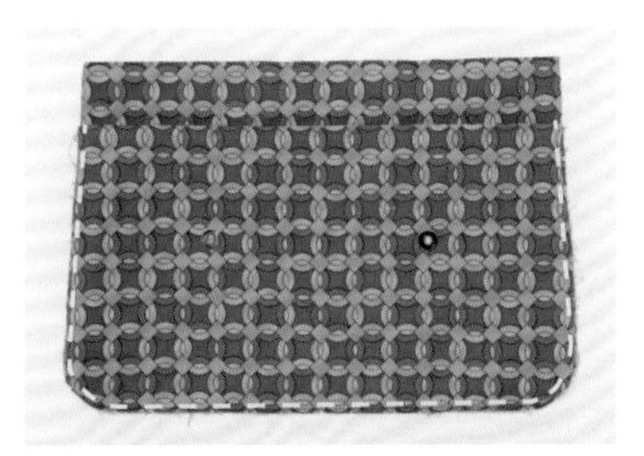

08 將外口袋依紙型位置疏縫於表袋身

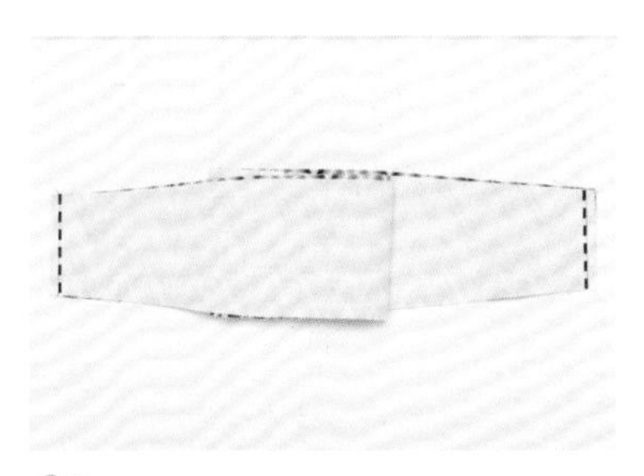

09 將表裡側身正面相對，車縫短邊

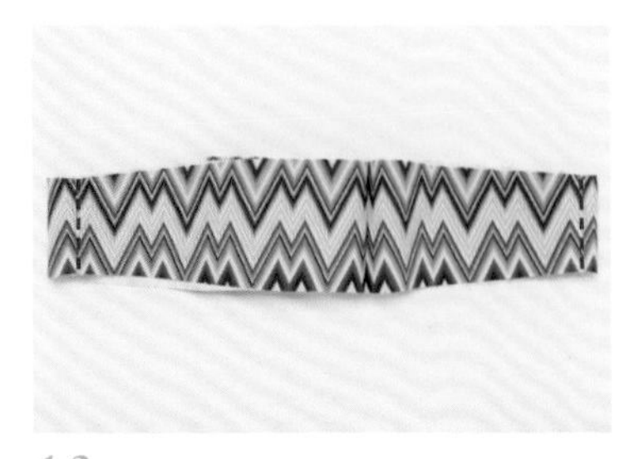

10 縫份倒向裡布，沿車縫邊於裡布 0.2 公分臨邊壓

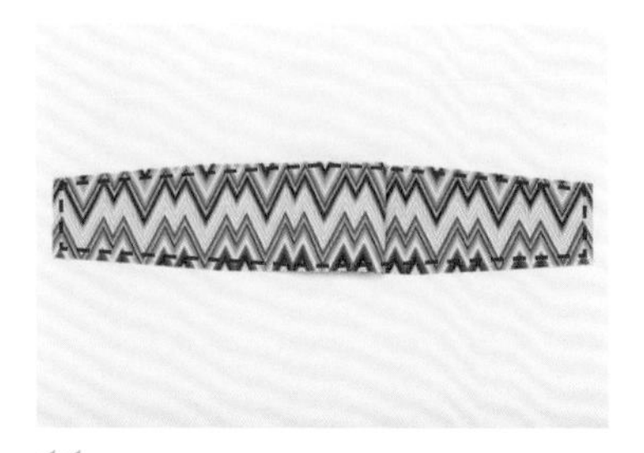

11 將表裡側身背面相對，沿短邊 0.7 公分壓裝飾線，長邊疏縫

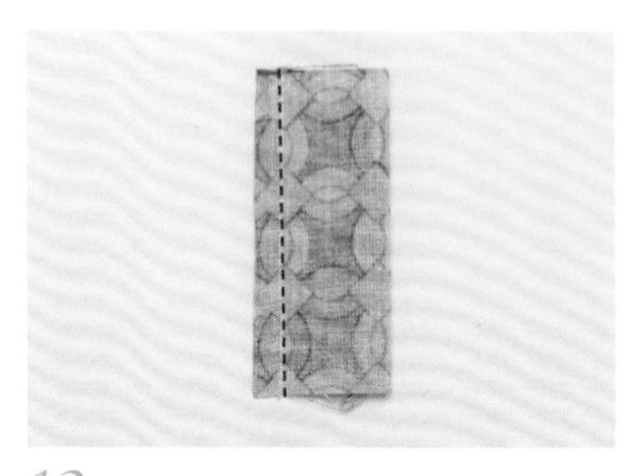

12 將吊耳對折車縫長邊

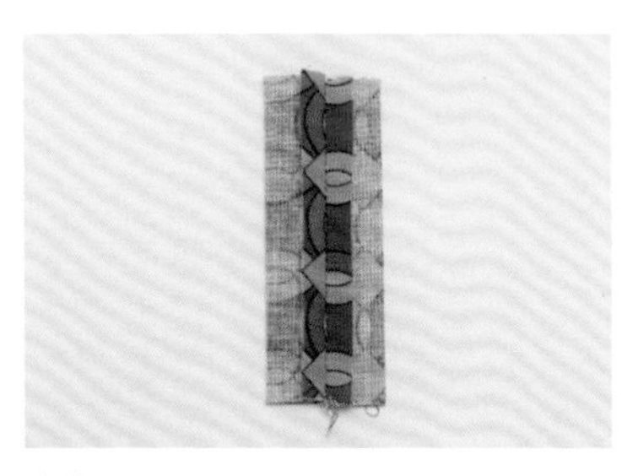

13 縫份置中燙開

14 於無縫份那面依圖示燙上厚布襯

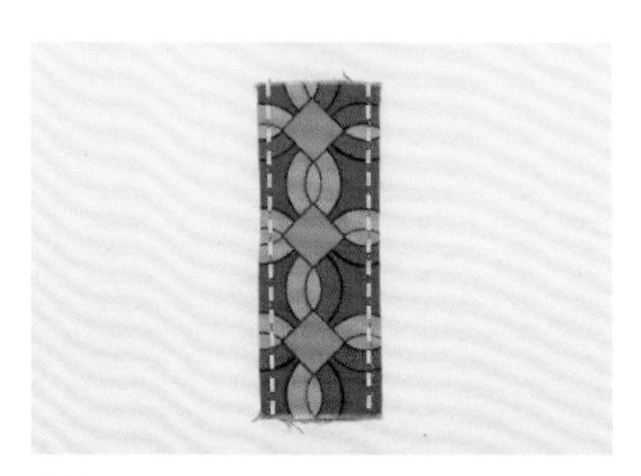

15 翻回正面整燙，沿長邊 0.2 公分壓裝飾線

16 將吊耳穿過口型環後對折，短邊對齊疏縫，如此完成 4 組

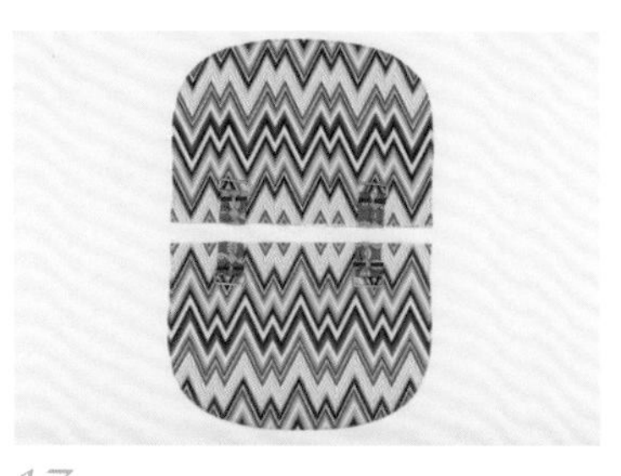

17 將吊耳依紙型車縫線位置與外口袋表袋蓋車縫固定

18 將外口袋裡袋蓋與表袋身上方正面相對，中心對齊疏縫

19 將拉鍊擋布與拉鍊正面相對車合

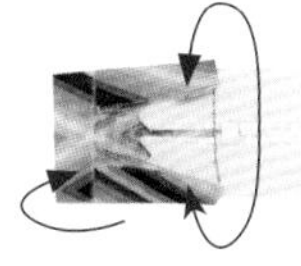

20 將拉鍊擋布往外翻，另 3 邊未車縫的縫份折入

21 再將拉鍊擋布對折整燙

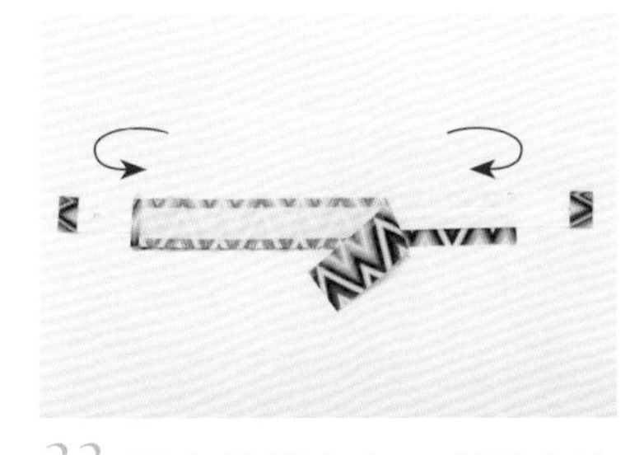

22 對齊長邊中心，利用水溶性膠帶黏合表拉鍊口布、拉鍊與裡拉鍊口布，拉鍊口布短邊縫份折入

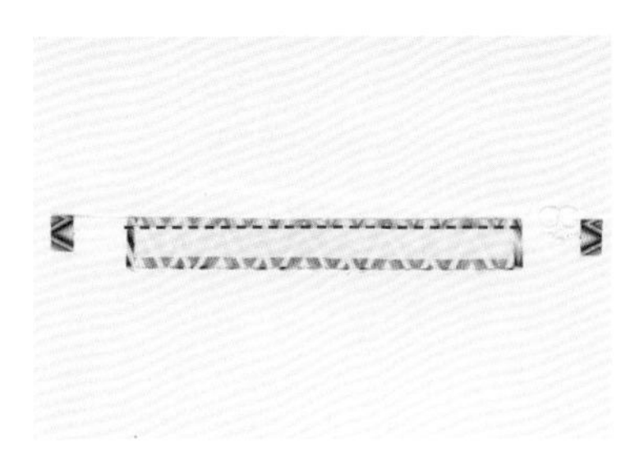

23 車縫一道

24 翻回正面整燙後，依圖示沿邊 0.2 公分壓裝飾線

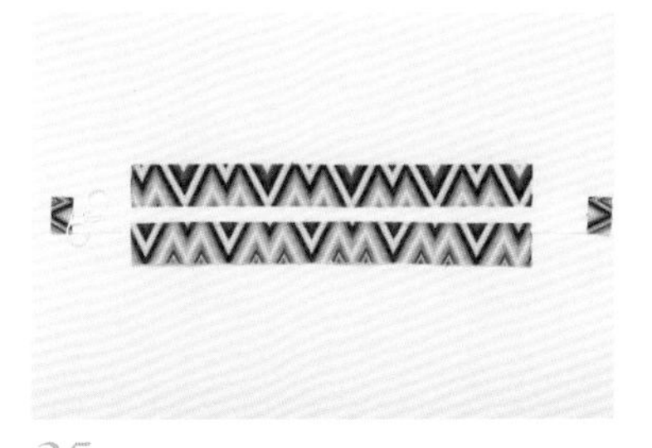

25 重複步驟 22 ～ 24 完成另一邊拉鍊口布

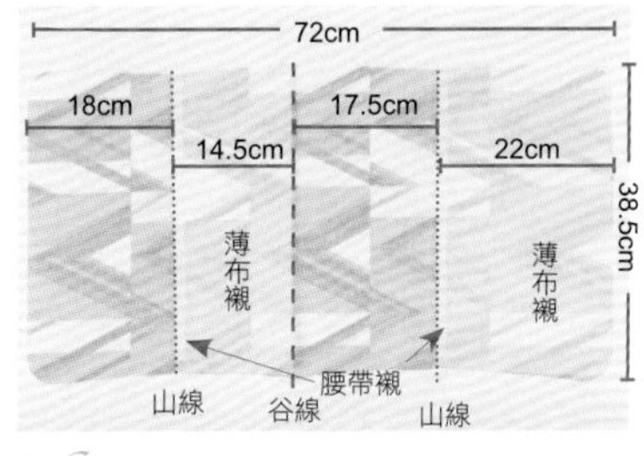

26 將腰帶襯寬裁一半（1.25 公分）雙層內口袋依圖示折燙，先燙上腰帶襯，再燙上薄布襯

27 將折燙好的雙層內口袋上緣對齊袋身紙型上的雙層內口袋位置後，依紙型修剪

28 沿山線折邊 0.7 公分壓裝飾線，依紙型位置於雙層內口袋裝上母磁釦

29 於雙層內口袋下層中央車縫分隔線

30 將雙層內口袋疏縫於其中 1 片裡袋身

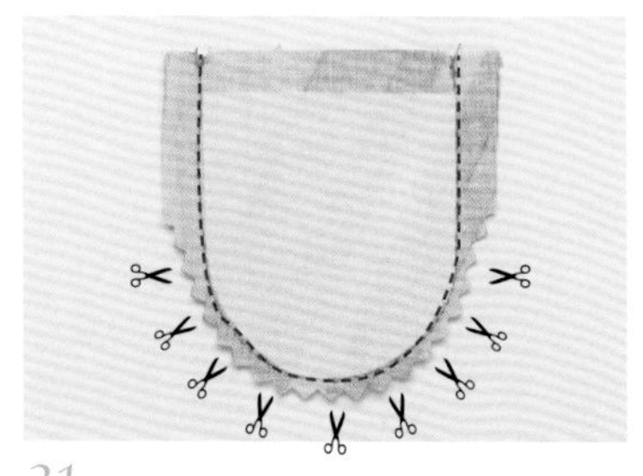

31 將 2 片絆釦正面相對，車合 U 字型，弧度處剪牙口

32 翻回正面整燙，沿邊 0.2 公分壓裝飾線，並依紙型位置裝上公磁釦

33 依紙型於裡袋身畫出絆釦完成線，將絆釦上緣完成線與絆釦完成線對齊車縫

34 將絆釦往下翻遮住縫份，沿邊 0.2 公分及 0.7 公分壓裝飾線

35 於另一片裡袋身製貼式口袋及一字拉鍊口袋

36 將表側身與表袋身正面相對，表側身短邊依紙型側身位置記號對齊表袋身側邊，利用強力夾固定

37 將側身與表袋身車合

38 將表拉鍊口布一長邊與表袋身正面相對疏縫

39 將表裡袋身正面相對，側身夾於中間，利用強力夾固定

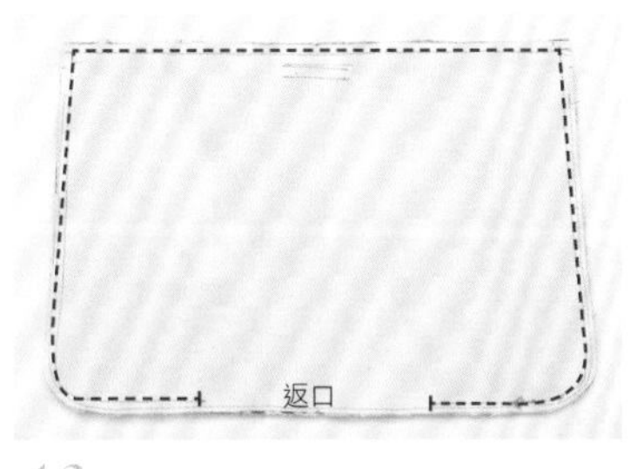

40 將表裡袋身車縫一圈，袋底留一返口

41 將袋身由返口翻出正面

42 重複步驟 36~41 完成另一邊側身、拉鍊口布與另 1 組表裡袋身組合，縫合 2 處返口

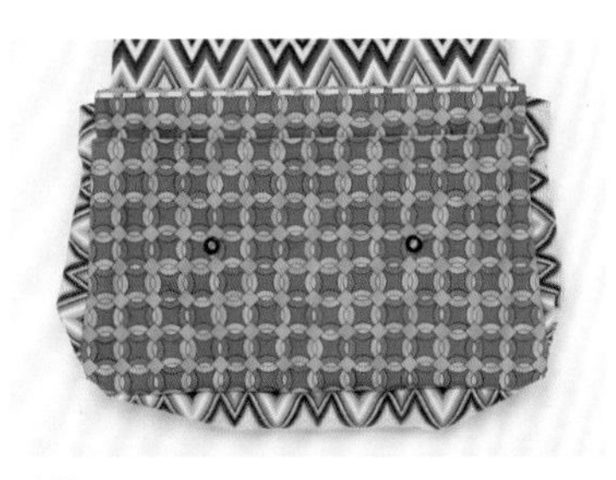

43 於袋口沿邊 0.7 公分壓裝飾線

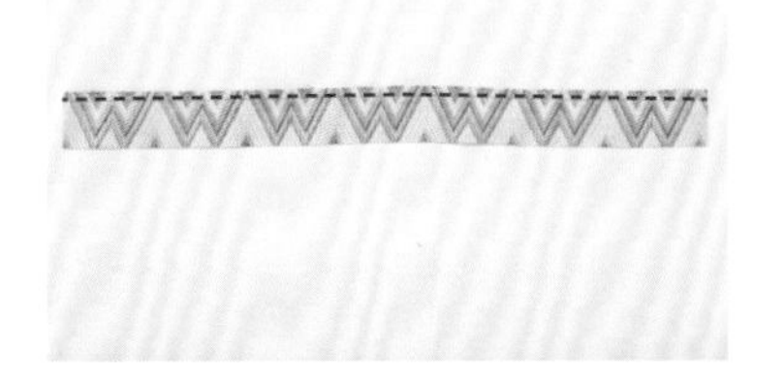

44 將背帶布長邊正面相對車縫一道

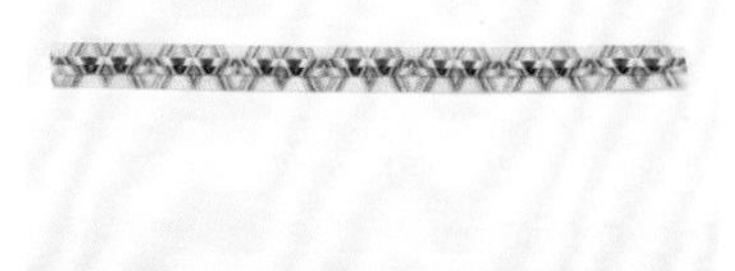

45 將縫份置中燙開

46 將背帶布翻回正面整燙，將織帶剪成 50 公分，穿過提把布，提把布 2 邊預留 0.7 公分

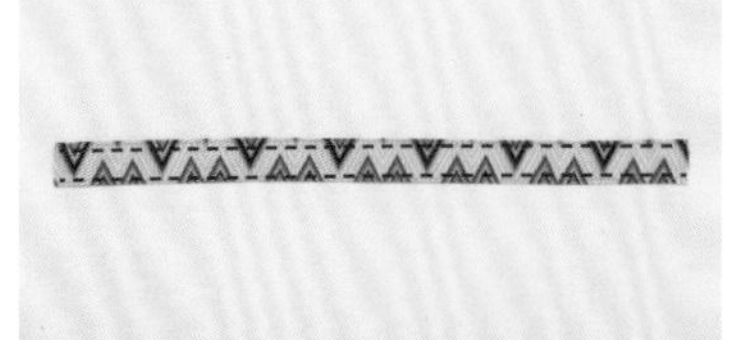

47 沿長邊 0.2 公分壓裝飾線

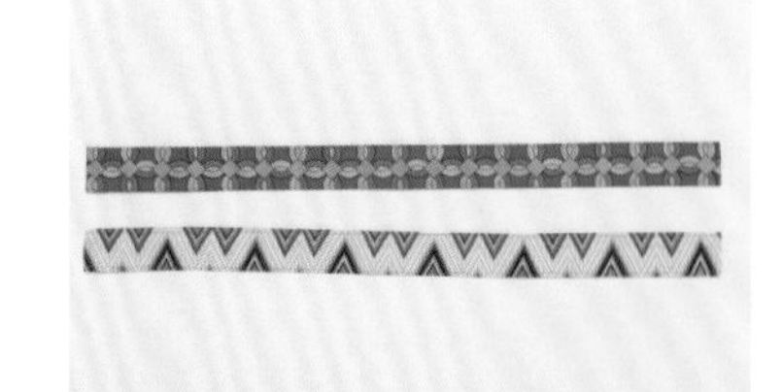

48 如此製作 2 條背帶

49 將背帶穿過口型環，短邊縫份折入，沿折入邊 0.2 公分及 0.7 公分車縫固定

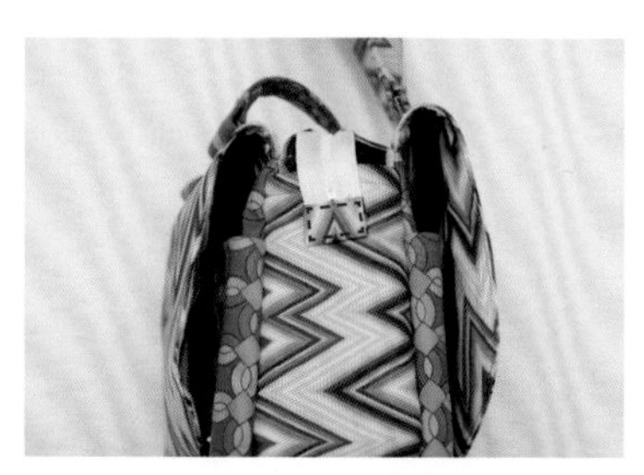

50 將拉鍊擋布依紙型位置，沿邊 0.2 公分壓裝飾線同時固定於側身上，完成

奔馳樂活多用背包

肩背、側背、後背、手提，
一如美式風格的熱情活潑，
讓人回歸到內心最原始的單純自然。
在這充滿移動的城市，隨時改變，創造自己的好心情。

奔馳樂活多用背包

● {完成尺寸約：31.5 公分 × 31.5 公分 × 10 公分}

Materials 材料準備

- 布料 3 色各 1 碼
- 3 公分寬織帶 6 尺
- 0.8 公分鉚釘 6 組
- 內徑 3 公分問號鉤 6 個
- 內徑 3 公分D型環 2 個
- 內徑 3 公分日型環 2 個
- 內徑 4 公分圓型環 2 個
- 15 公分拉鍊 3 條
- 18 公分拉鍊 2 條
- 30 公分拉鍊 1 條
- 厚布襯 5 尺
- 薄布襯 2 尺
- 厚袋物專用襯 0.5 尺

Cutting and Fusing Instructions 裁布

裁切尺寸皆已含 0.7 公分縫份

布料 A	表前下袋身	依紙型 1 片	燙厚布襯
	表後袋身	依紙型 1 片	燙厚布襯
	後一字拉鍊口袋	22 公分 × 36 公分 × 1 片	燙薄布襯
	吊環布	依紙型 2 片	燙未含縫份厚袋物專用襯
	肩背帶裝飾布	5.5 公分 × 29 公分 × 1 條	
	拉鍊擋布	4 公分 × 5 公分 × 1 片	
布料 B	前上袋身	依紙型 2 片	燙厚布襯
	前口袋	依紙型 2 片	燙未含縫份厚布襯（參考步驟 1）
	後背帶裝飾布	5 公分 × 80 公分 × 2 條	
	表側身	依紙型 2 片	燙厚布襯
	表側一字拉鍊口袋	依紙型 2 片	燙薄布襯
	吊耳	8 公分 × 4.5 公分 × 2 片	燙厚布襯 3 公分 × 4.5 公分（參考步驟 34）
布料 C	裡前下袋身	依紙型 1 片	燙厚布襯
	裡後袋身	依紙型 1 片	燙厚布襯
	裡側身	依紙型 2 片	燙厚布襯
	裡一字拉鍊口袋	22 公分 × 36 公分 × 1 片	燙薄布襯
	裡貼式口袋	22 公分 × 34 公分 × 1 片	燙薄布襯 22 公分 × 17 公分
	裡袋身滾邊	4 公分 × 90 公分 × 2 條	斜布條

奔馳樂活多用背包

How To Make 作法

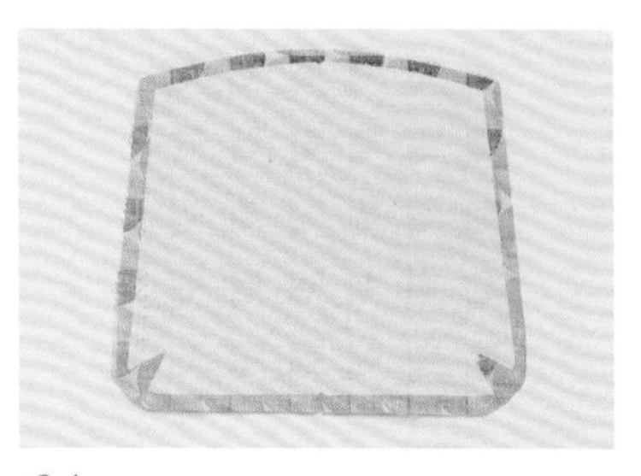

01 前口袋表裡布依圖示燙上未含縫份厚布襯。

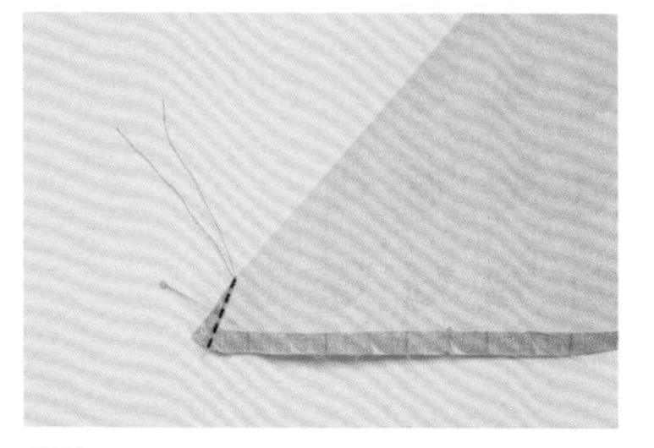

02 袋底依打摺記號車縫打摺，打摺之尖點處不回針，留一段線頭打死結以免車縫線脫落後將多餘線頭剪掉

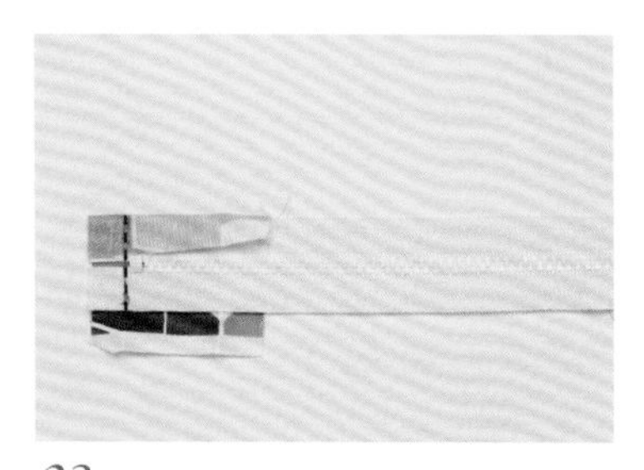

03 取 15 公分拉鍊，依圖示車縫拉鍊擋布。

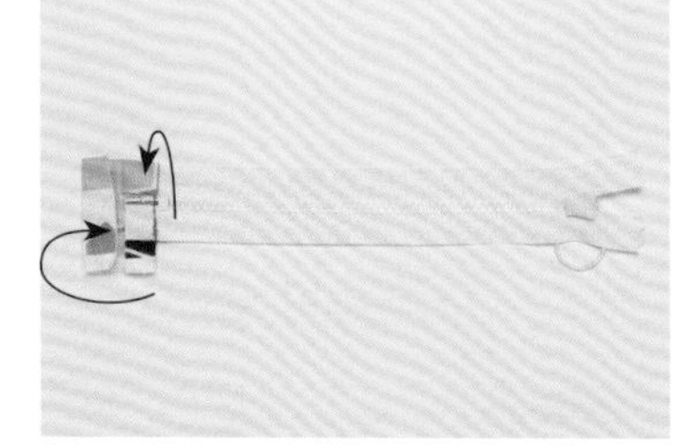

04 將拉鍊擋布翻正面並依圖示折燙

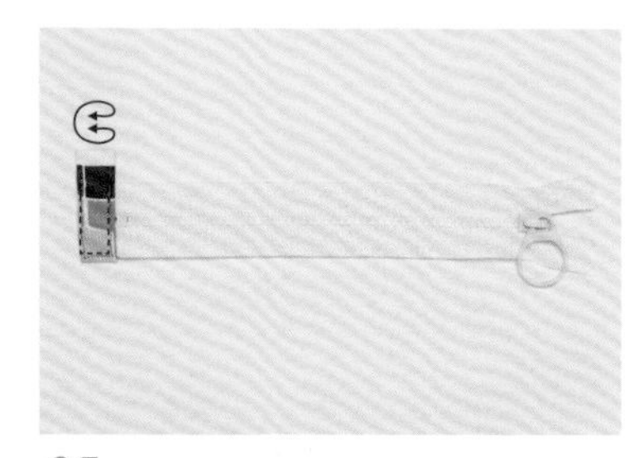

05 再將拉鍊擋布對折後，沿折邊 0.2 公分壓裝飾線

06 將拉鍊擋布毛邊與拉鍊修齊

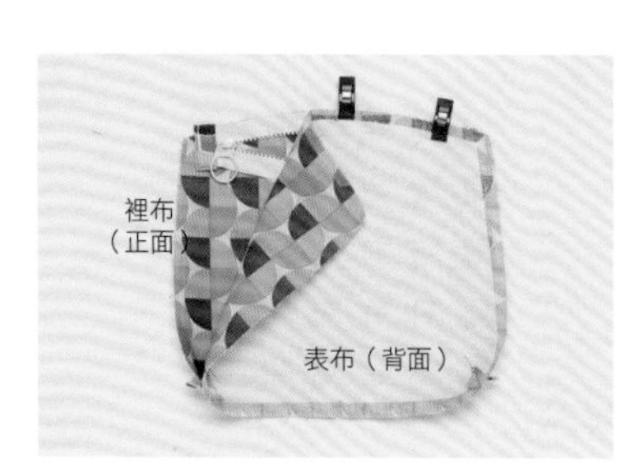

07 利用強力夾固定前口袋表布、拉鍊與前口袋裡布，拉鍊裝飾布毛邊的一端與前口袋上邊對齊

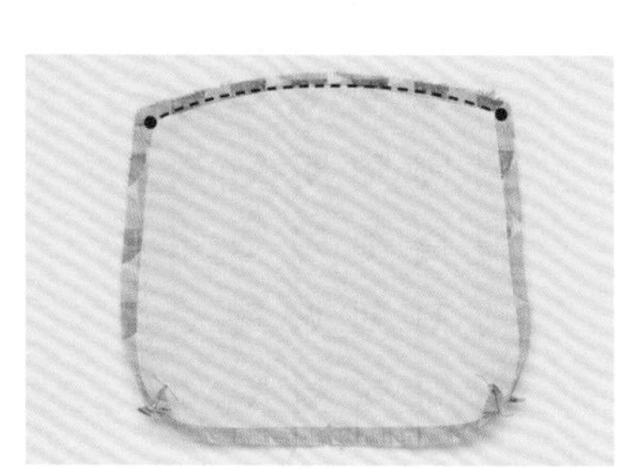

08 將前口袋表裡布與拉鍊車縫至止點固定

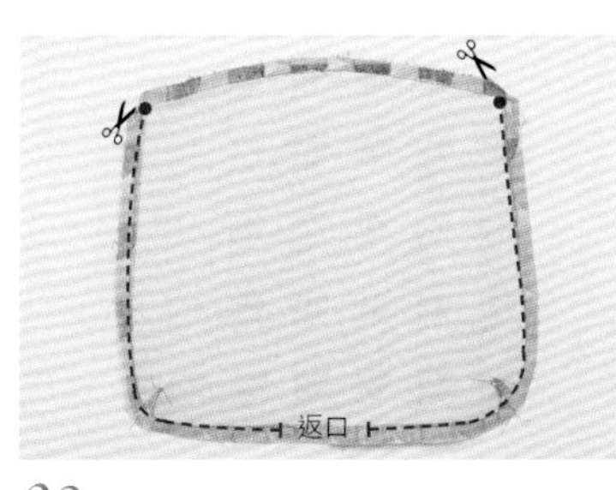

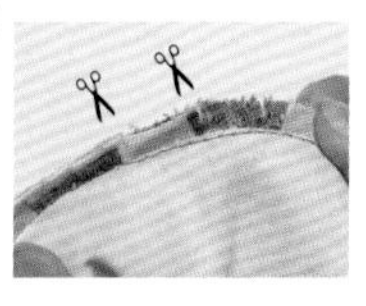

09 再將右下左 3 邊車縫至止點固定，下方留一返口，車縫時，表裡布打褶錯開。修剪多餘縫份，弧度處剪牙口

10 由返口翻回正面，沿拉鍊車合邊 0.2 公分壓裝飾線

11 利用水消筆於表前下袋身依紙型畫上前口袋位置，將前口袋拉鍊齒與記號的上緣對齊，沿拉鍊齒及拉鍊布邊 0.2 公分及 0.5 公分車縫二道固定

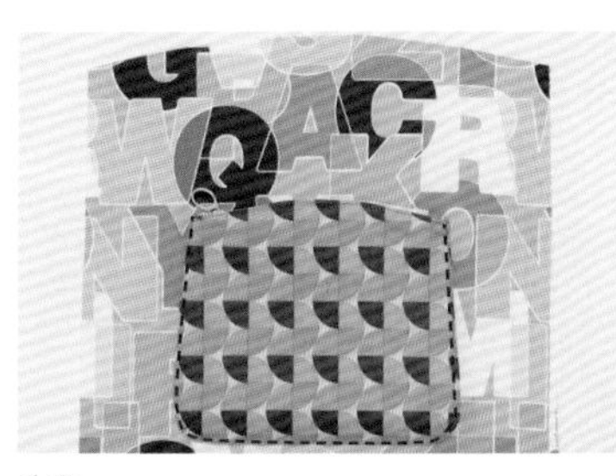

12 將前口袋右下左三邊與記號對齊，沿邊 0.2 公分車縫固定

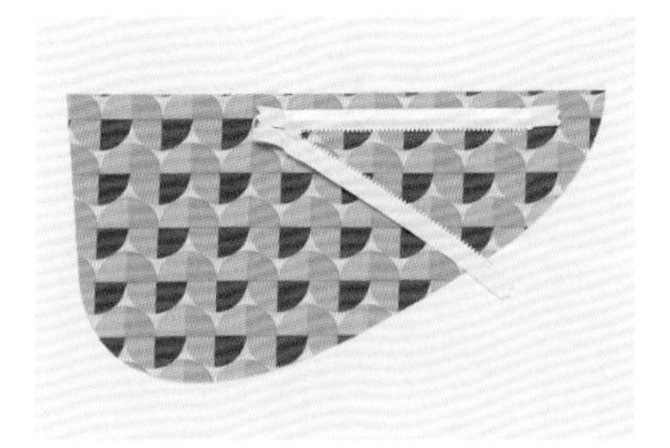

13 利用水消筆依紙型於表側身畫上側身拉鍊口袋位置，利用水溶性膠帶將 15 公分拉鍊黏合於長邊記號線往內 0.7 公分處

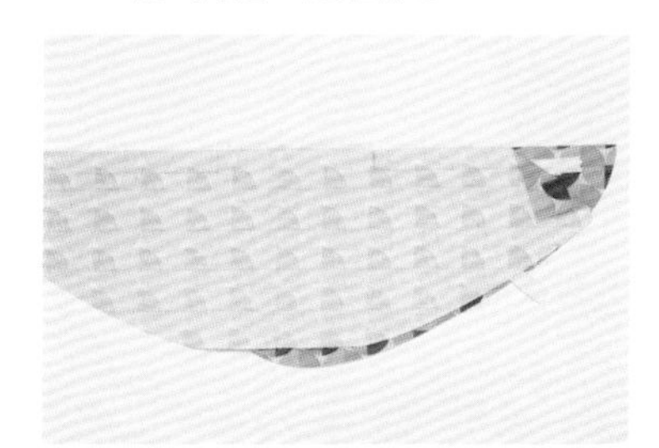

14 利用水溶性膠帶黏合表側一字拉鍊口袋布

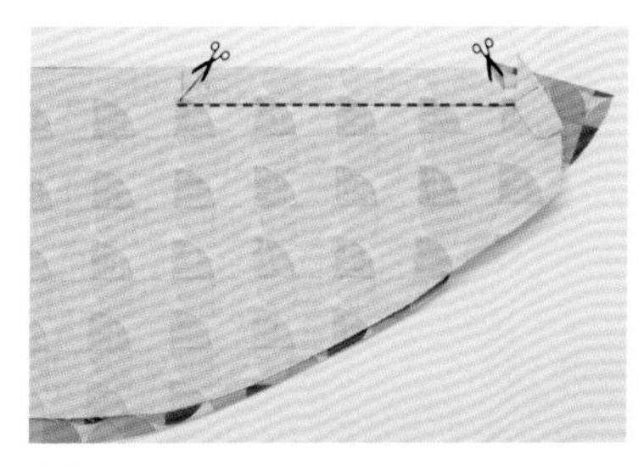

15 車縫長邊，並於記號的轉彎處斜剪 45° 牙口，小心不要剪過車線也不要剪到拉鍊

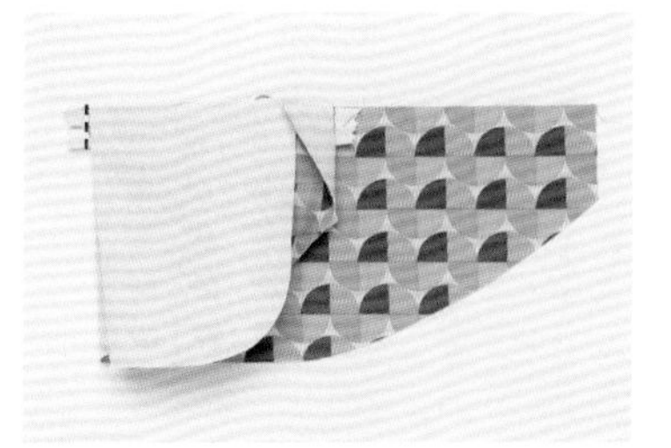

16 利用斜剪的牙口，將記號的短邊與拉鍊短邊對齊，側身與口袋布正面相對，車縫固定，另一邊同作法

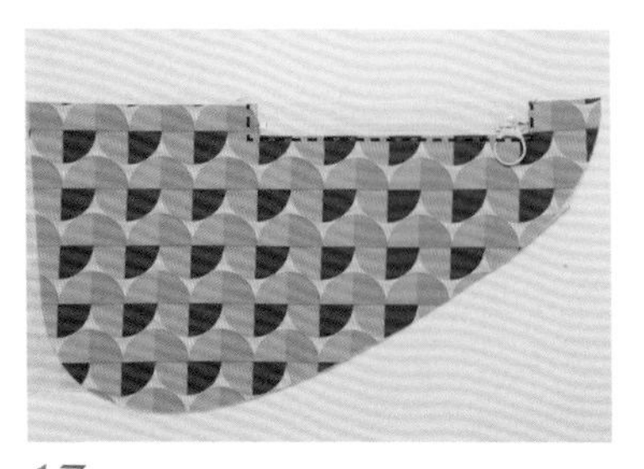

17 將口袋布往後翻至表側身背面，沿拉鍊車合邊 0.2 公分壓裝飾線

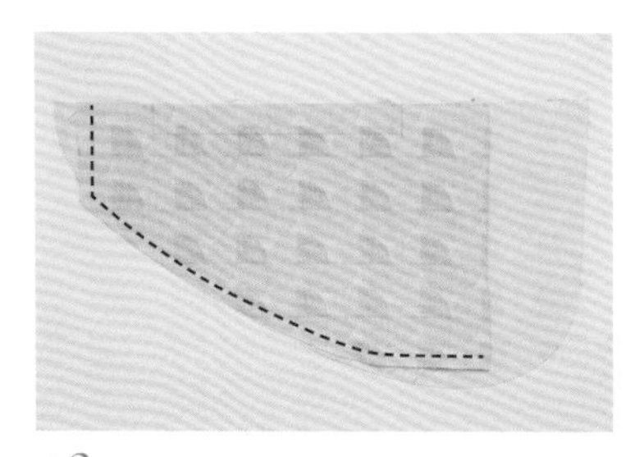

18 將口袋布對折，車縫上方與弧度處

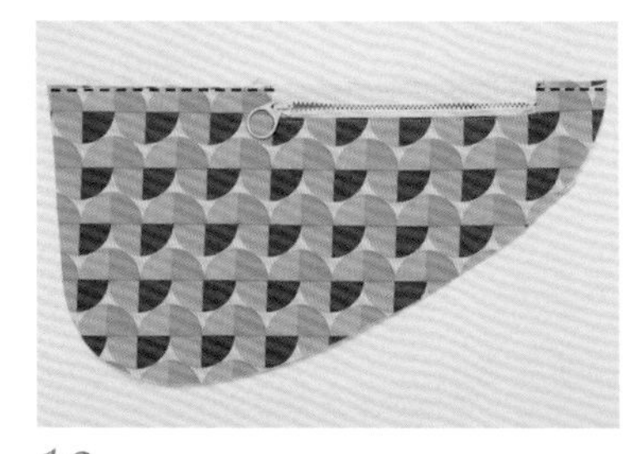

19 將口袋布與表側身於長邊疏縫

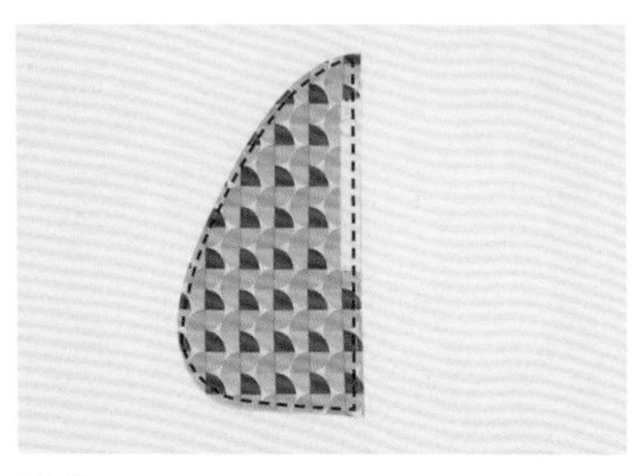

20 將表裡側身背對背對齊疏縫一圈

21 將表後袋身製作一字拉鍊口袋

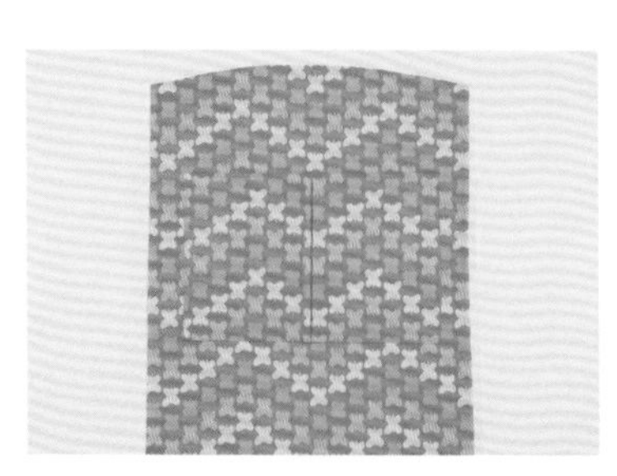

22 於裡前下袋身及裡後袋身貼式口袋及一字拉鍊口袋

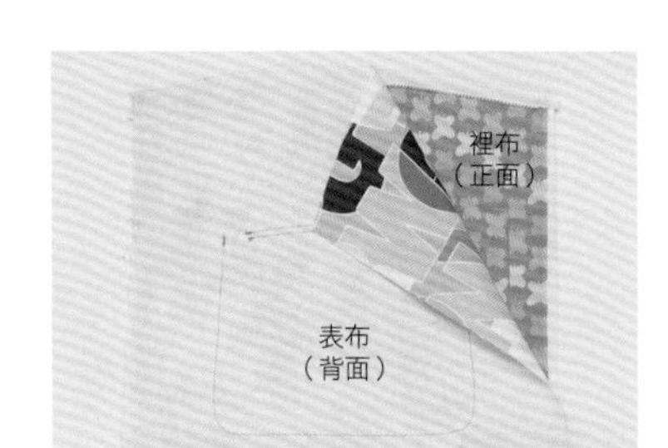

23 利用水溶性膠帶黏合裡前下袋身、 30 公分拉鍊拉鍊與表前下袋身

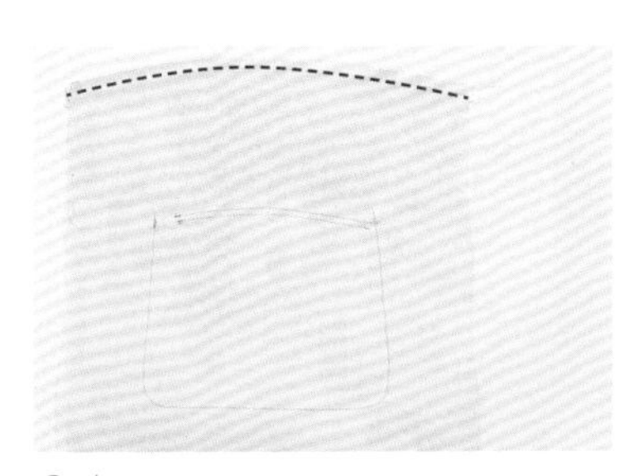

24 車縫固定，弧度處剪牙口

25 翻回正面，沿邊 0.2 公分壓裝飾線

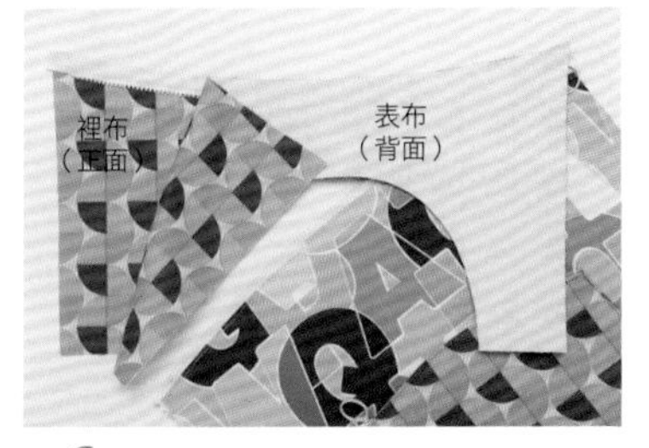

26 利用水溶性膠帶黏合裡前上袋身、拉鍊與表前上袋身

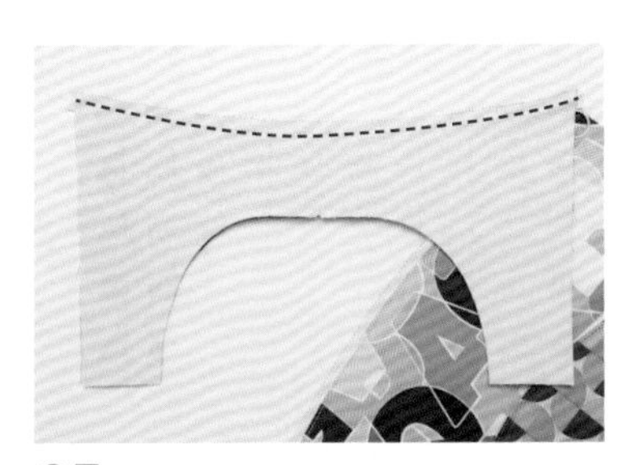

27 車縫固定，弧度處剪牙口

28 翻回正面，沿邊 0.2 公分壓裝飾線

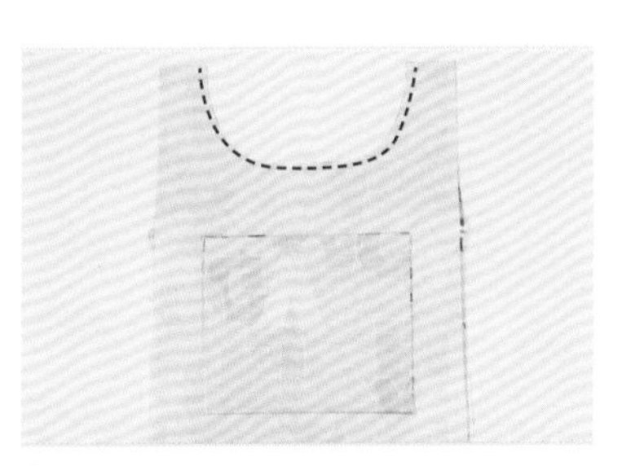

29 將前後表袋身正面相對，車縫 U 字，弧度處剪牙口。

30 將表袋身翻回正面整燙後，沿車合邊 0.2 公分壓裝飾線

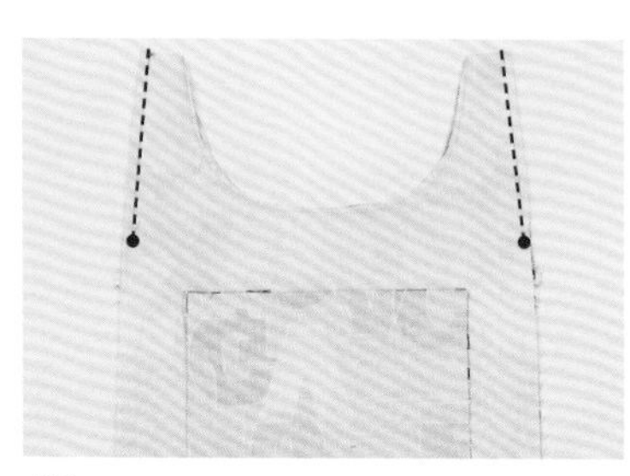

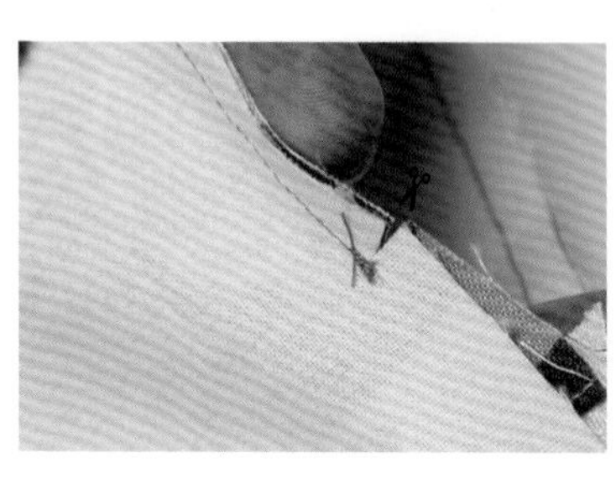

31 將表袋身側邊車合至側身止點，於止點縫份處剪一刀，小心不要剪到車縫線，縫份燙開。重複步驟 29~31 車縫裡袋身

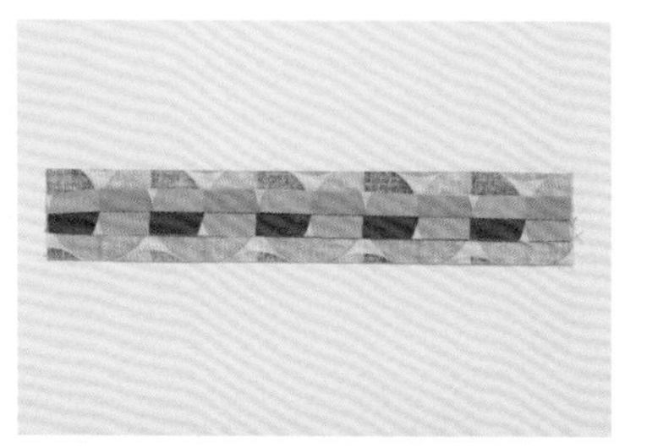

32 將吊耳長邊正面相對車縫一道

33 將縫份置中燙開

34 於無縫份那面燙上厚布襯

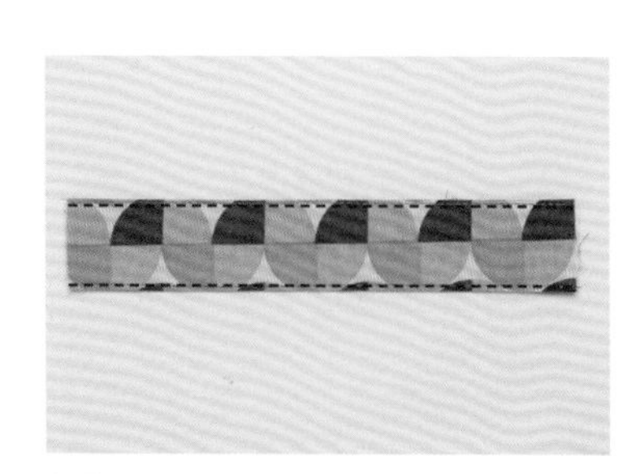

35 將吊耳翻回正面整燙，沿長邊 0.2 公分壓裝飾線

36 將吊耳穿過 D 型環後對折，短邊對齊疏縫，如此完成 2 個

37 將吊耳疏縫於表後袋身下方

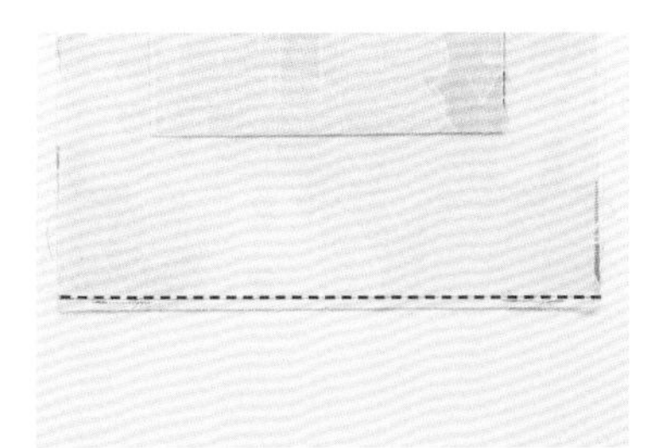

38 前後表袋身袋底正面相對車縫袋底

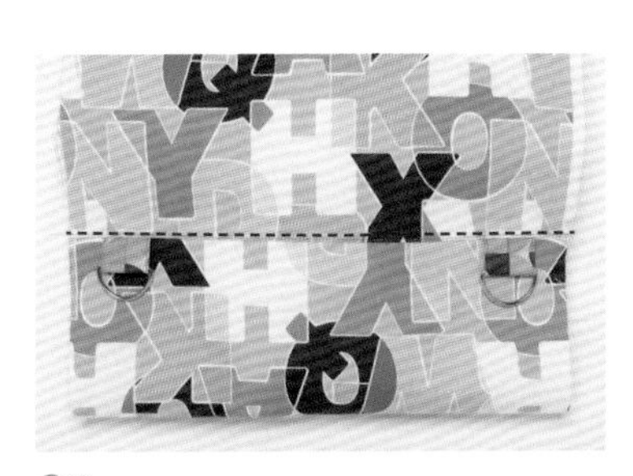

39 將縫份倒向表前袋身，沿邊 0.2 公分壓裝飾線

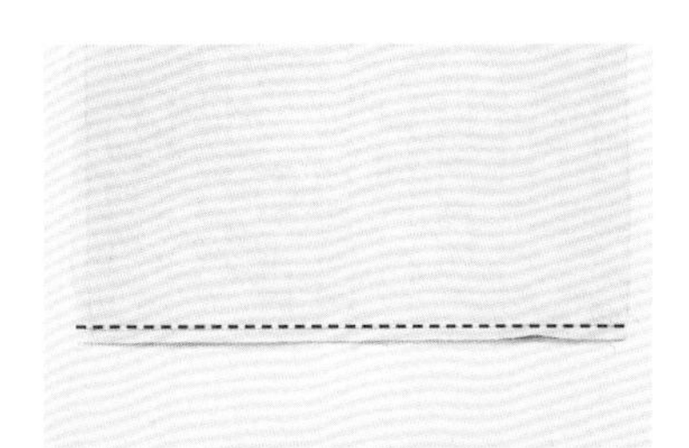

40 前後裡袋身袋底正面相對車縫袋底，縫份倒向後裡袋身

41 將表袋身上方 U 型的側邊（連接吊環布處）翻回正面

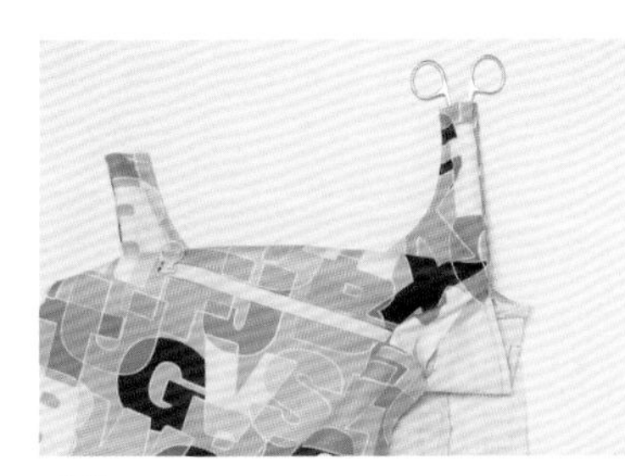

42 利用手藝鉗將裡袋身上方 U 型的側邊穿入翻回正面的表袋身 U 型側邊，縫份攤開整燙平整

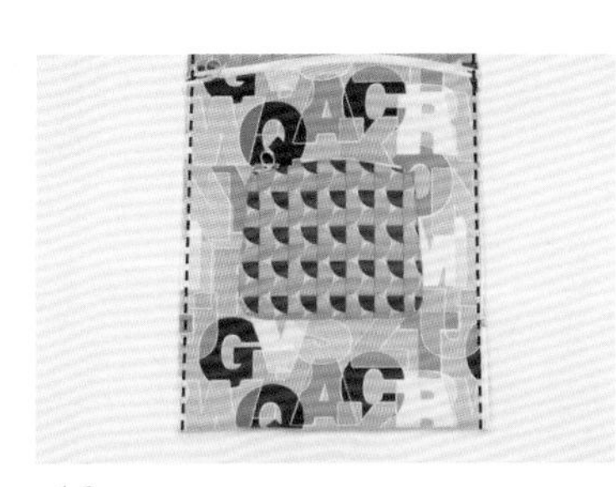

43 表裡袋身背面相對，兩側邊疏縫一圈

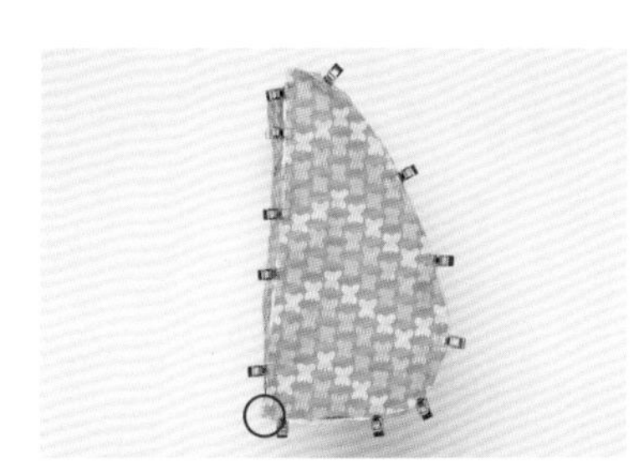

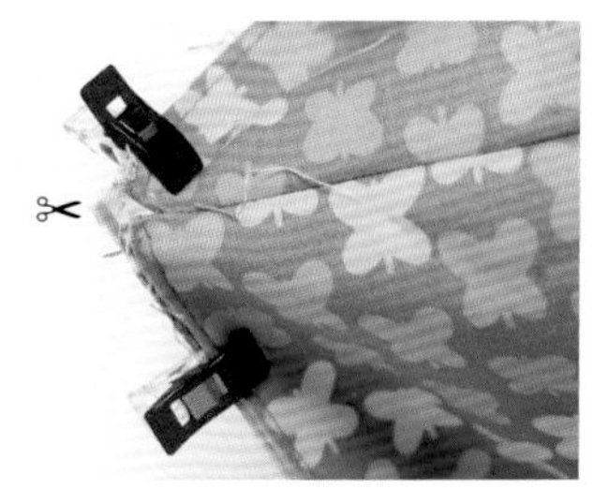

44 將表袋身與表側身正面相對，四周先用強力夾固定。弧度處剪牙口。於側身轉直角相對位置的袋身上剪一刀

45 車縫一圈固定

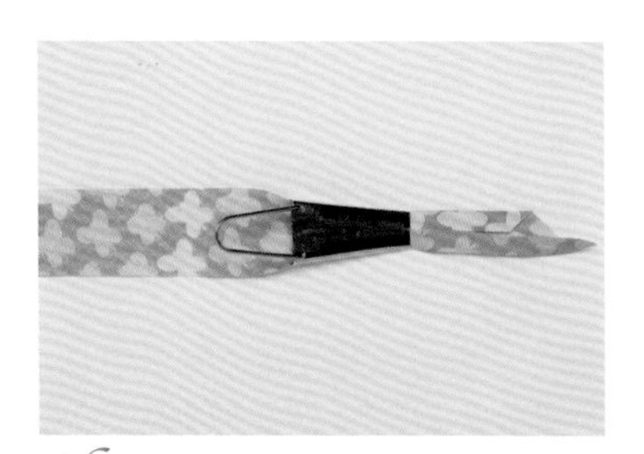

46 利用 18mm 滾邊器折燙裡袋身滾邊滾邊布

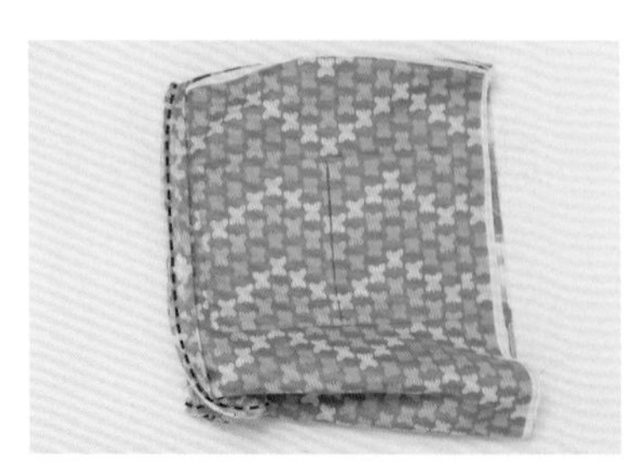

47 將滾邊布與袋身一圈正面相對，頭尾縫份藏好，車合一圈

48 將滾邊布翻至側身，縫份折入，沿滾邊布邊 0.1 公分壓裝飾線，同時固定滾邊

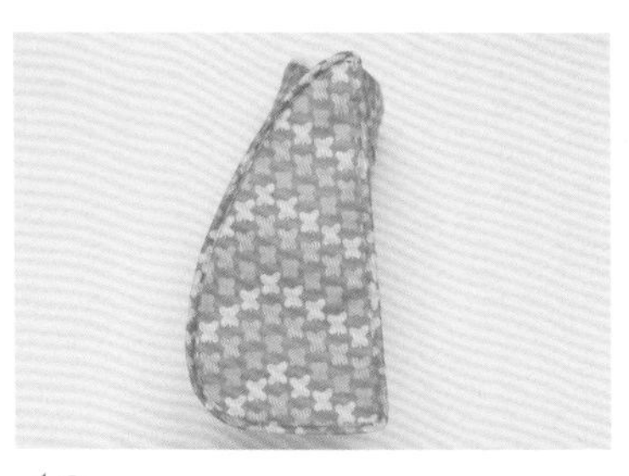

49 重複步驟 44~48 完成另一側邊與袋身組合，翻回正面

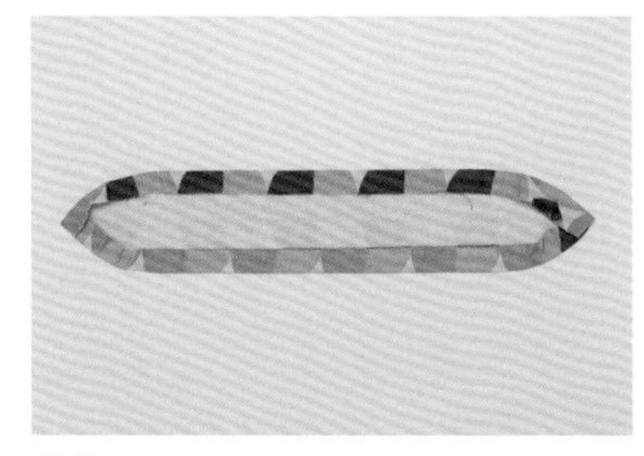

50 將吊環布縫份沿著厚袋物專用襯折燙

51 將吊環布穿過圓環後對折，依紙型車縫線 A 車縫一道，如此完成 2 組

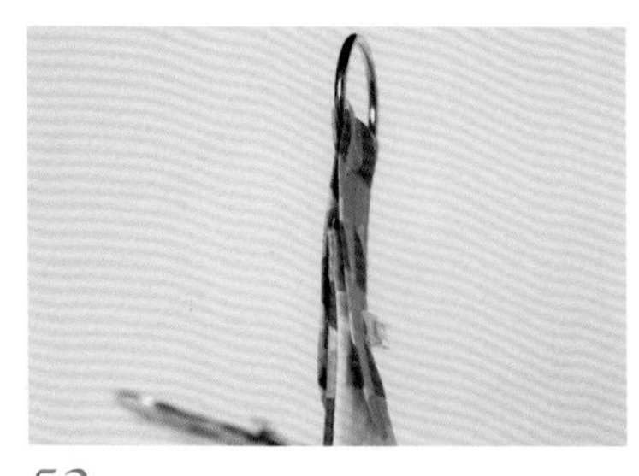

52 將吊環布依紙型位置前後夾住袋身 U 型上方處

53 將吊環布依紙型車縫線 B 與袋身車縫固定

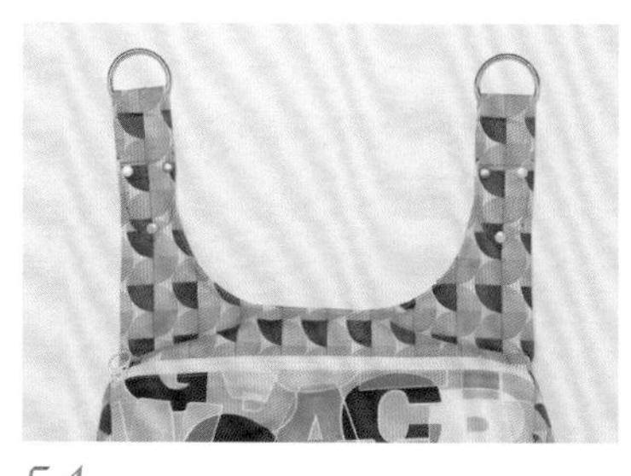

54 依紙型於吊環布打上鉚釘

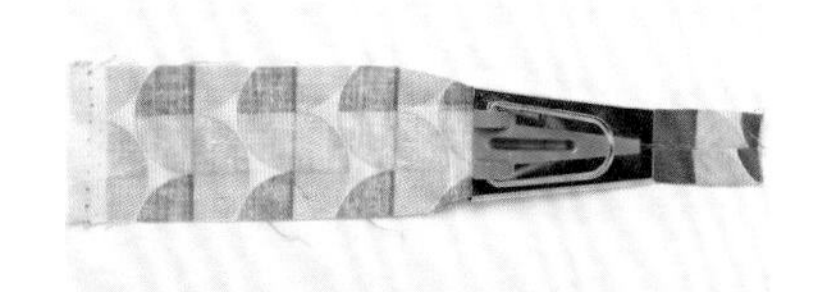

55 利用 25mm 滾邊器折燙背帶裝飾布

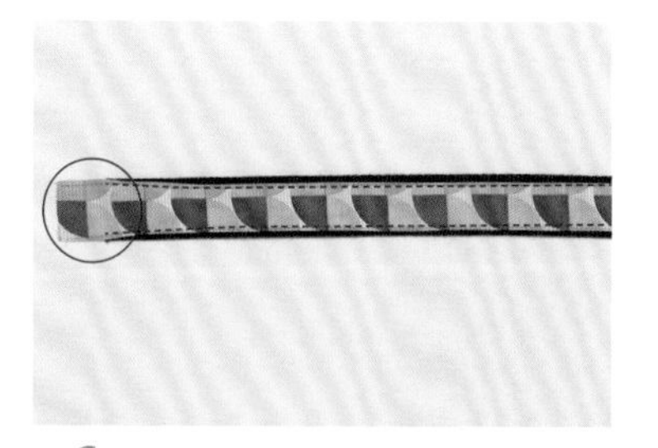

56 將裝飾布車縫於織帶上（75 公分 X 2 條、27 公分 X 1 條），裝飾布需比織帶多出約 1 公分

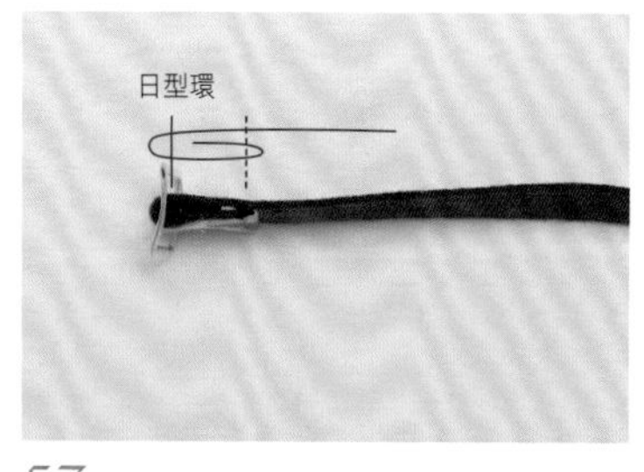

57 將後背帶一端穿過日型環後，多出的後背帶裝飾布折入，車縫固定

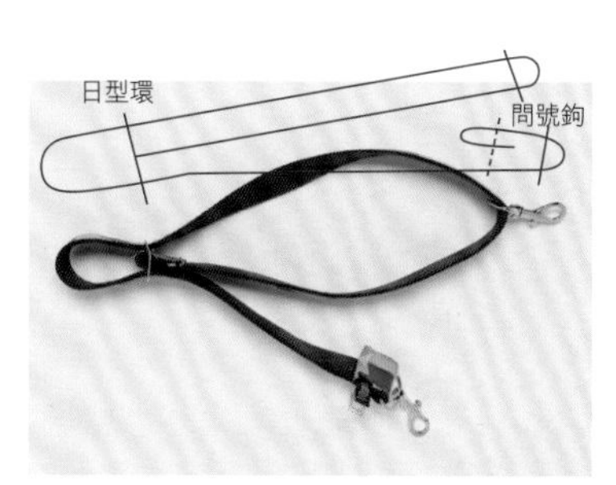

58 依圖示將後背帶穿過問號鉤與日型環並將另一端縫份折入車縫固定

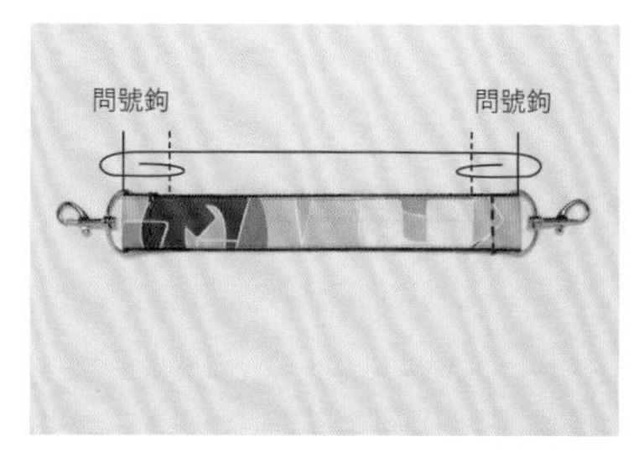

59 將肩背帶兩端各穿過問號鉤，多出的肩背帶裝飾布折入，車縫固定。將背帶扣上袋身，完成

普普風活力提包

搶眼的對比顏色，大方的幾何線條，
輕鬆打造充滿律動感的悠閒氣息，
帶著藝術性格的寬版手提帶，
輕鬆拎著就能有種好好享受在陽光燦爛的日子裡的好心情。

{完成尺寸約：34.5 公分 × 25 公分 × 13.5 公分}

Materials 材料準備

- 布料 3 色各 1 碼
- 合成皮 0.5 呎
- 四合釦 2 組
- 3mm 棉繩 5 尺
- 18 公分拉鍊 1 條
- 35 公分拉鍊 1 條
- 厚布襯 3 尺
- 薄布襯 2 尺
- 厚袋物專用襯 0.5 尺

03 普普風活力提包

Cutting and Fusing Instructions 裁布

裁切尺寸皆已含 0.7 公分縫份

布料 A	表袋身	依紙型 2 片	燙厚布襯
	袋身貼邊	依紙型 2 片	燙厚布襯
	側身貼邊	依紙型 2 片	燙厚布襯
	表側身	15 公分 × 24 公分 × 2 片（粗裁）	燙厚布襯，參照步驟 1~5 製作
	拉鍊口布	4.5 公分 × 33 公分 × 4 片	燙未含縫份厚布襯
	提把布	7.5 公分 × 42 公分 × 2 片	燙厚布襯 6 公分 × 42 公分（參考步驟 16）
	拉鍊擋布	5 公分 × 5 公分 × 1 片	
布料 B	裡袋身	依紙型 2 片	燙厚布襯
	外口袋	依紙型 2 片	燙 ½ 厚布襯
	裡側身	依紙型 1 片	燙厚布襯
	裡一字拉鍊口袋	22 公分 × 34 公分 × 1 片	燙薄布襯
	裡貼式口袋	32 公分 × 32 公分 × 1 片	燙薄布襯 32 公分 × 16 公分
	裡側貼式口袋	16 公分 × 28 公分 × 1 片	燙薄布襯 16 公分 × 14 公分
配色布	外口袋裝飾布	4 公分 × 37 公分 × 2 片	
	包繩布	2.5 公分 × 76 公分 × 2 條	斜布條
	提把布	7.5 公分 × 42 公分 × 2 片	燙依紙型裁剪的厚袋物專用襯（參考步驟 15）
合成皮	表袋底	15 公分 × 27.5 公分 × 1 片	燙厚布襯，參照步驟 1~5 製作

How To Make 作法

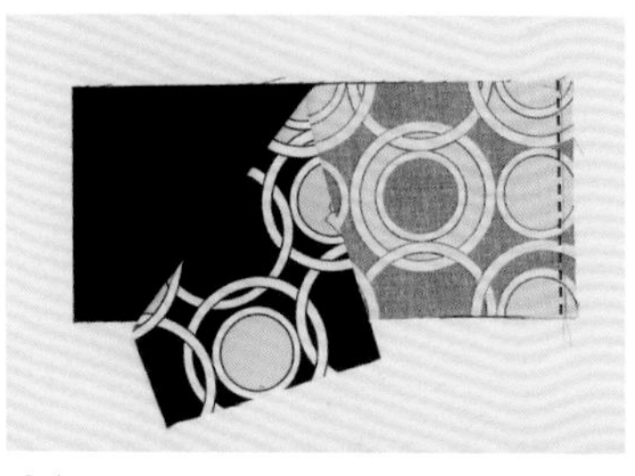

01 將表袋底與粗裁的表側身正面相對，車縫短邊

02 縫份倒向表側身

03 重複步驟 1~2 組合袋底與另一片表側身

04 於表側身背面燙上厚布襯

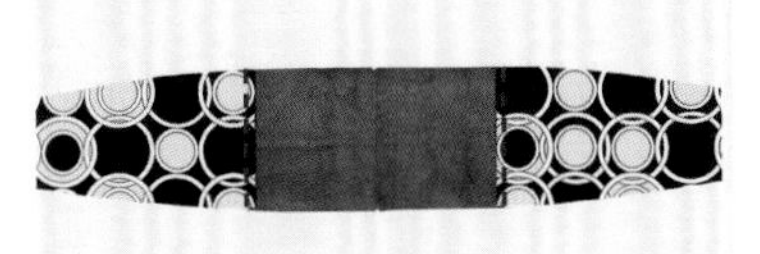

05 沿車合邊 0.5 公分壓裝飾線，並依照紙型裁剪出一條表袋底 + 表側身

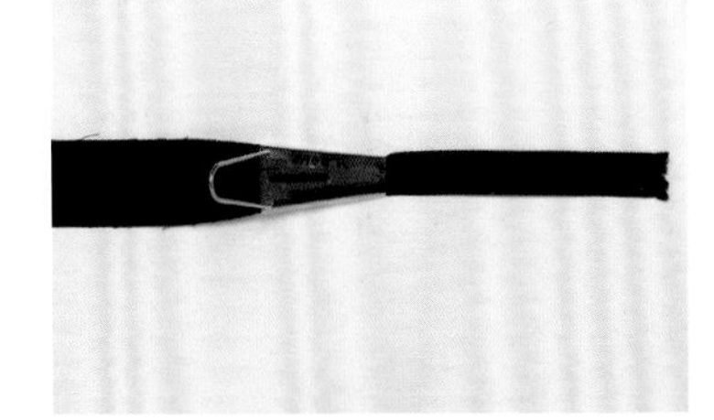

06 利用 18mm 滾邊器折燙外口袋裝飾布

07 將外口袋依紙型折雙處對折燙好，將外口袋裝飾布一長邊與折雙處對齊，中間（扣除紙型上所標示的虛線）沿裝飾布長邊 0.2 公分壓裝飾線

08 依紙型位置打上四合釦面釦與母釦

09 將外口袋與表袋身下方對齊，疏縫右下左 3 邊，於表袋身打上四合釦底釦與公釦

10 依紙型標示於外口袋裝飾布壓裝飾線固定袋身與外口袋

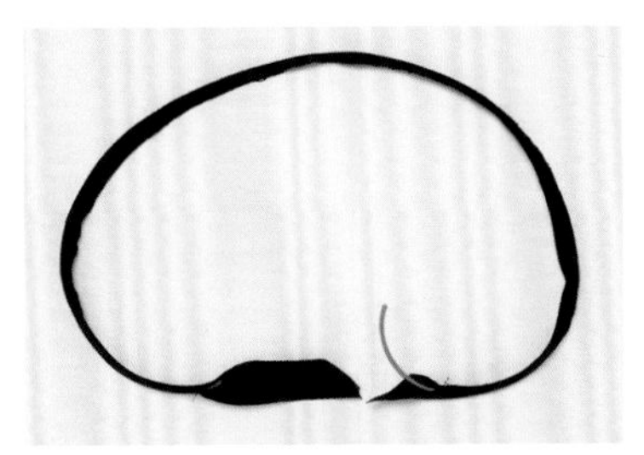

11 利用拉鍊壓布腳製作包繩

12 依紙型於表袋身畫出包繩止點位置，將包繩頭尾縫份折下藏入，疏縫於表袋身，修剪頭尾多出縫份

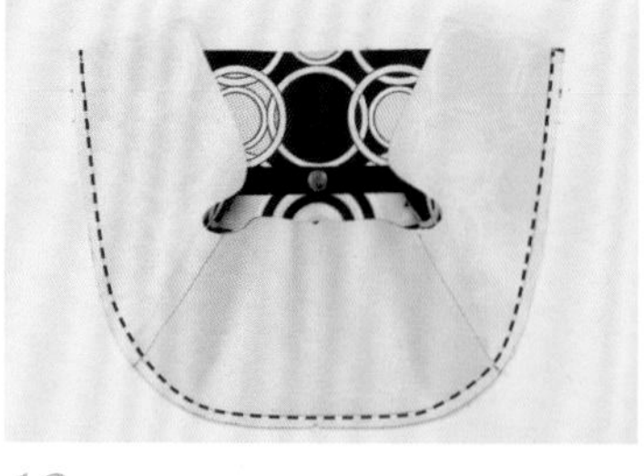

13 將表側身與表袋身正面相對，車縫側邊與袋底

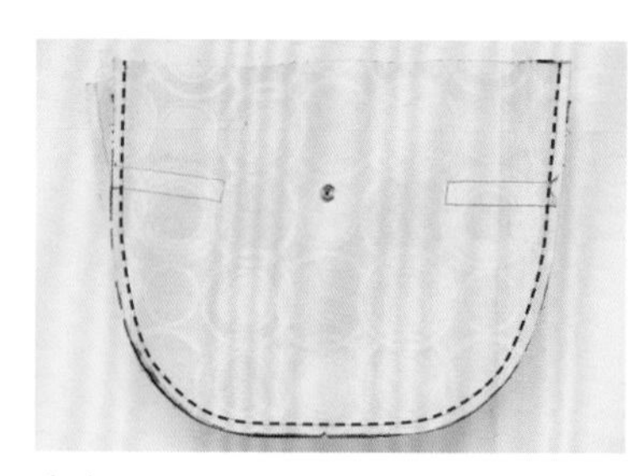

14 將另一片表袋身與表側身車縫組合

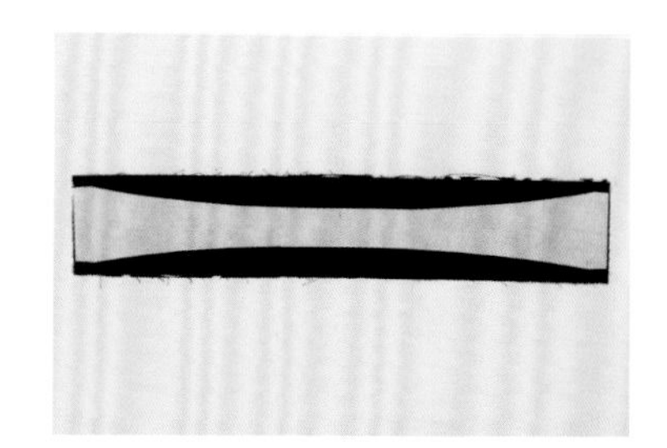

15 依圖示於提把配色布背面燙上厚袋物專用襯

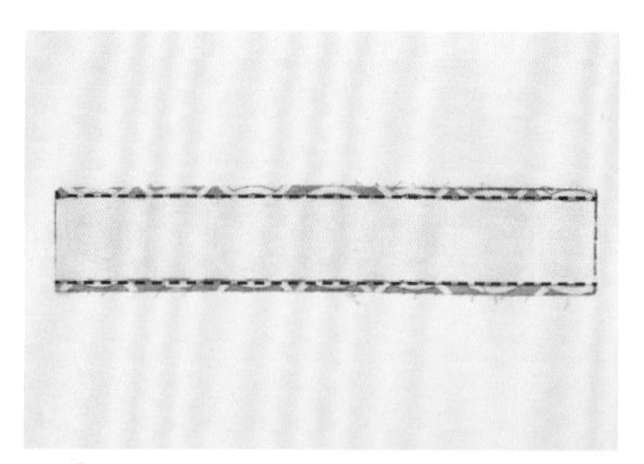

16 依圖示於提把花布背面燙上厚布襯，將提把配色布與花布正面相對，車縫長邊

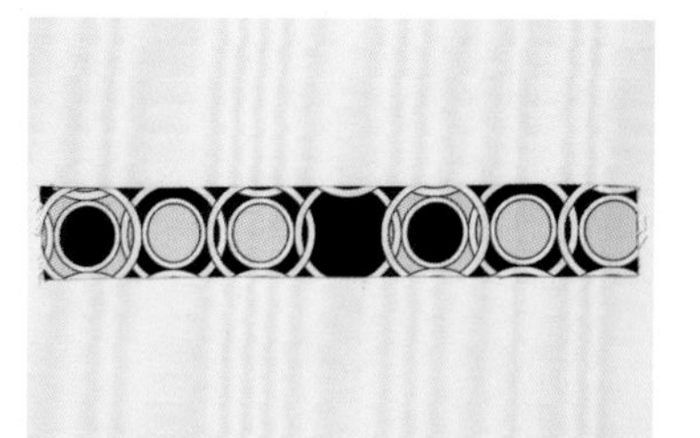

17 將提把翻回正面將長邊整燙平整

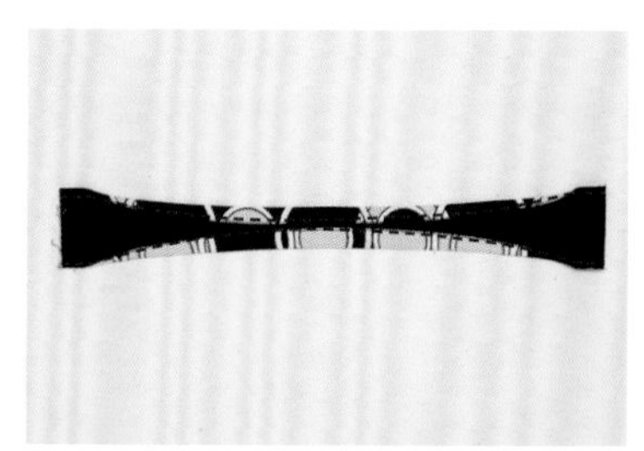

18 將提把布沿著厚袋物專用襯的形狀折入整燙後，依圖示沿邊 0.2 公分壓裝飾線

19 將提把 S 端相對，配色布與表袋身正面相對，依紙型位置與表袋身袋口對齊疏縫

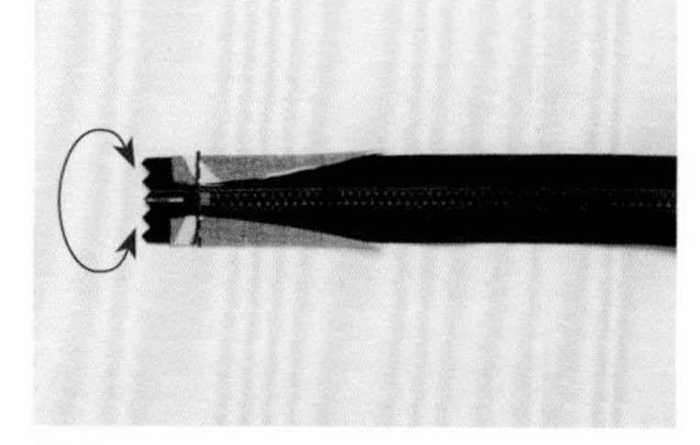

20 將拉鍊擋布與 35 公分拉鍊正面相對，上下兩邊縫份折入包住拉鍊，車縫一道

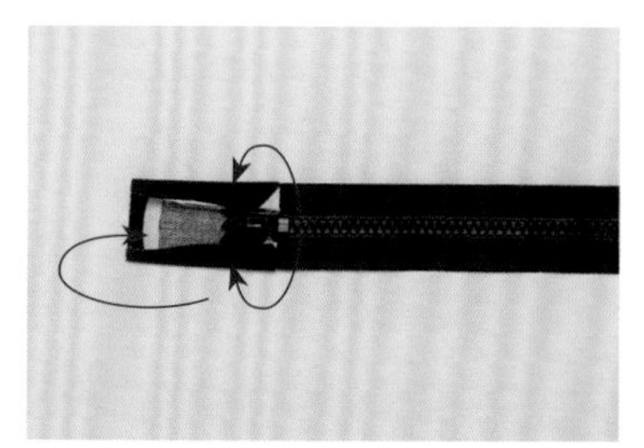

21 將拉鍊擋布依圖示翻折，縫份往內燙好

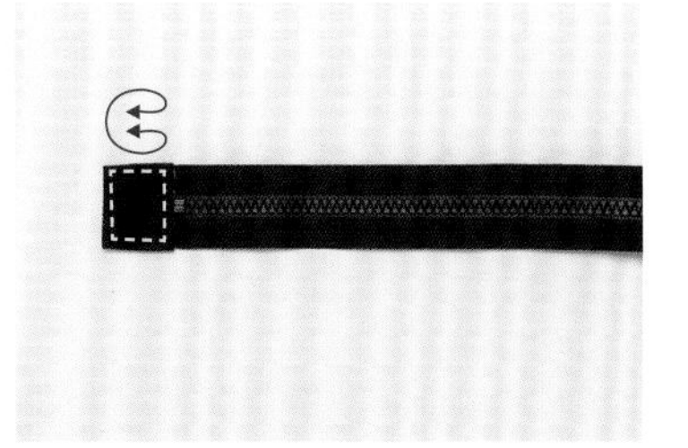

22 再將拉鍊擋布對折整燙，沿邊 0.2 公分壓裝飾線

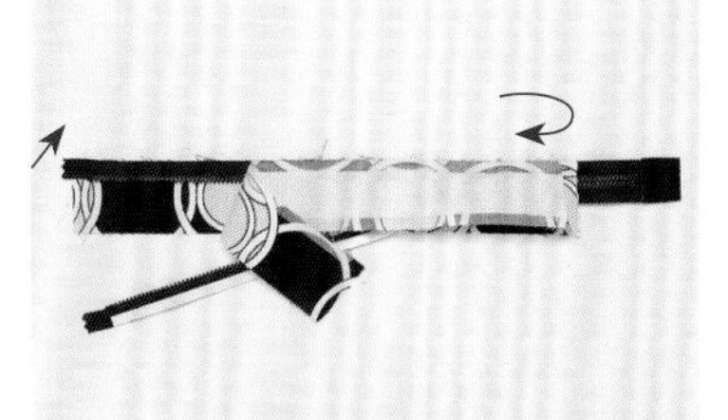

23 利用水溶性膠帶黏合表拉鍊口布、拉鍊與裡拉鍊口布，並將拉鍊尾端拉出，拉鍊口布右邊的短邊縫份折入

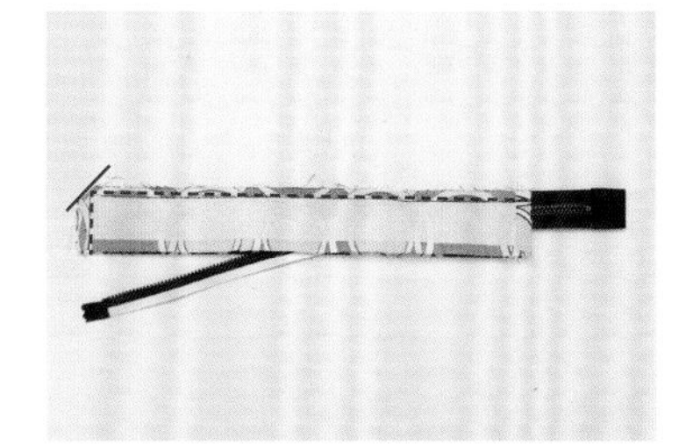

24 依圖示車合並修剪多餘縫份

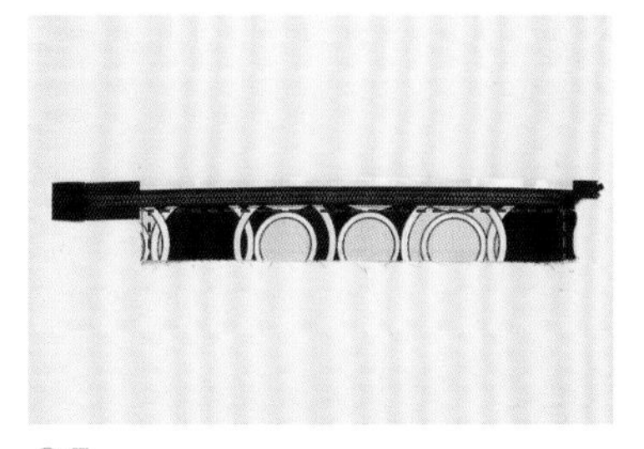

25 翻回正面整燙後，依圖示沿邊 0.2 公分壓裝飾線

26 重複步驟 23~25 完成另一邊的拉鍊口布

27 裡側身依紙型位置製作裡側貼式口袋

28 於裡袋身製作貼式口袋及一字拉鍊口袋

29 將裡側身與側身貼邊正面相對車合，縫份倒向裡側身

30 於側身貼邊沿車合邊 0.2 公分壓裝飾線

31 將裡袋身、拉鍊口布與袋身貼邊三層車縫固定，縫份倒向袋身貼邊

32 於袋身貼邊沿車合邊 0.2 公分壓裝飾線

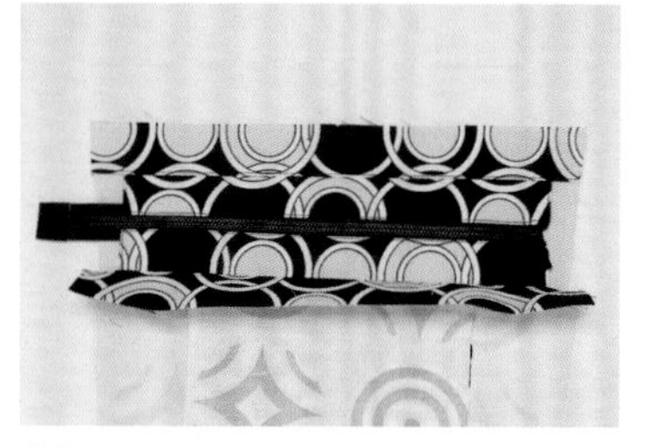

33 重複步驟 31、32 完成另一邊裡袋身、拉鍊口布與袋身貼邊的車縫

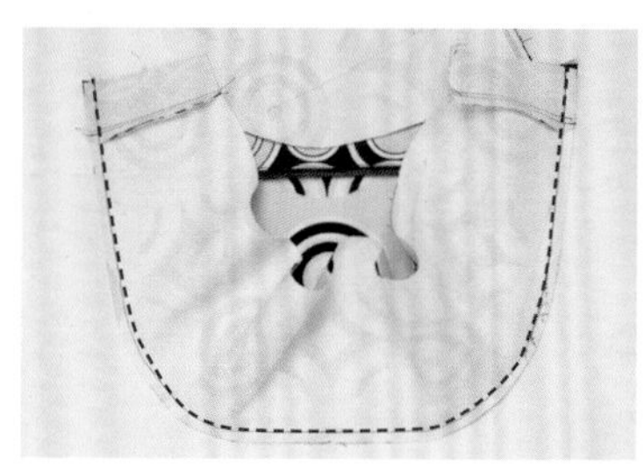

34 將裡側身與裡袋身正面相對，車縫側邊與袋底

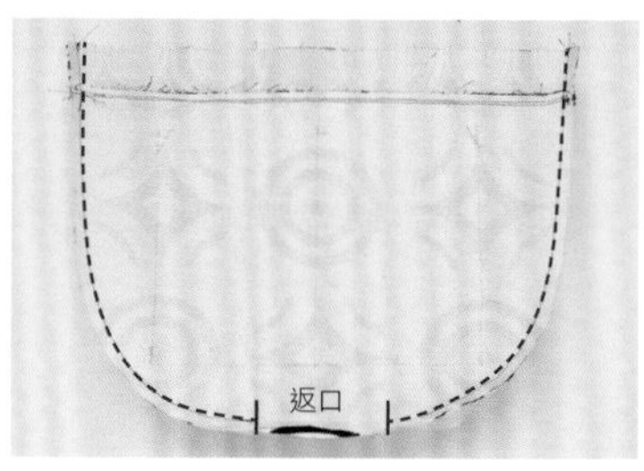

35 將裡側身與另一片裡袋身正面相對，車縫側邊與袋底，袋底需留一返口

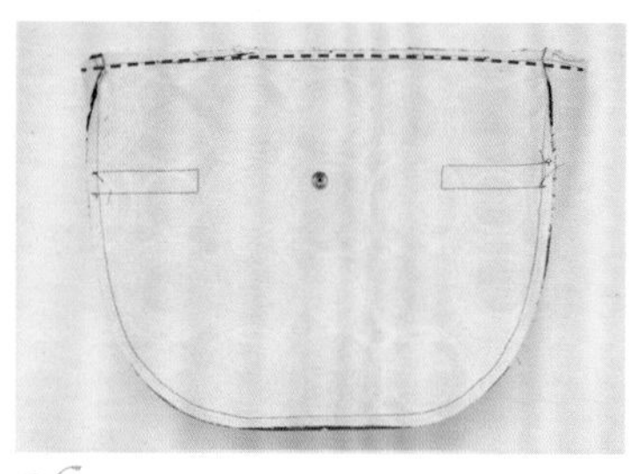

36 將正面朝外的裡袋身套入正面朝內的表袋身中，將表裡縫份錯開（表袋身縫份倒向袋身、裡袋身縫份倒向側身），袋口車合一圈

37 由返口翻回正面整燙，縫合返口，完成

甜心派雲朵肩包

春天的色彩、多層次的打褶加上寬版肩帶設計，
盡顯優雅多變造型，既有女生俏皮可愛的心情，
也能同時擁有成熟俐落的迷人時尚美包。

● {完成尺寸約：37 公分 × 23 公分 × 9.5 公分}

Materials 材料準備

- 布料 2 色各 1 碼
- 0.8 公分鉚釘 6 組
- 15 公分拉鍊 2 條
- 18 公分拉鍊 1 條
- 皮背帶 1 條
- 皮絆釦 1 組
- PE 底板
- 厚布襯 4 尺
- 薄布襯 2 尺

04 甜心派雲朵肩包

Cutting and Fusing Instructions 裁布

裁切尺寸皆已含 0.7 公分縫份

布料 A	表袋身	依紙型 2 片	燙厚布襯
	表袋底	依紙型 1 片	燙厚布襯
	表側一字拉鍊口袋	18 公分 × 32 公分 × 2 片	燙薄布襯
布料 B	裡袋身	依紙型 2 片	燙厚布襯
	裡袋底	依紙型 1 片	燙厚布襯
	裡一字拉鍊口袋	22 公分 × 36 公分 × 1 片	燙薄布襯
	裡貼式口袋	28 公分 × 32 公分 × 1 片	燙薄布襯 28 公分 × 16 公分

How To Make 作法

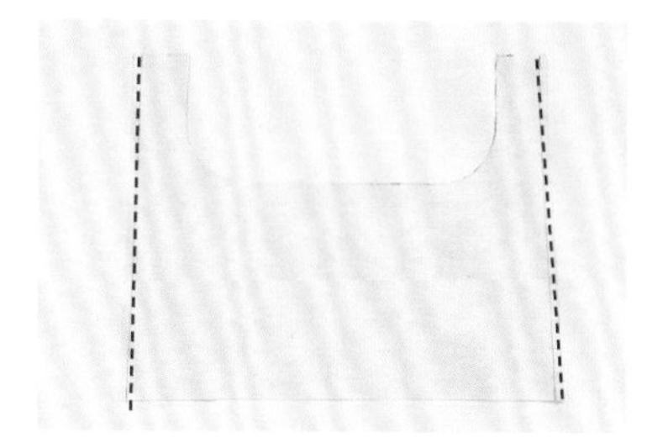

01 將 2 片表袋身正面相對，車縫側邊，縫份燙開

02 表袋身兩側邊開一字拉鍊口袋（15 公分拉鍊）

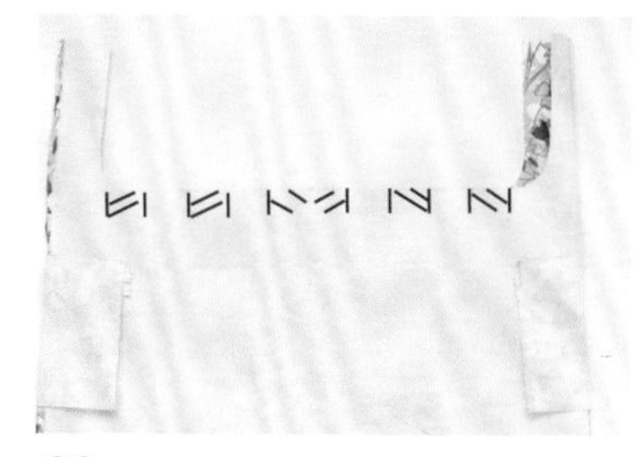

03 依紙型於表袋身畫上打褶記號

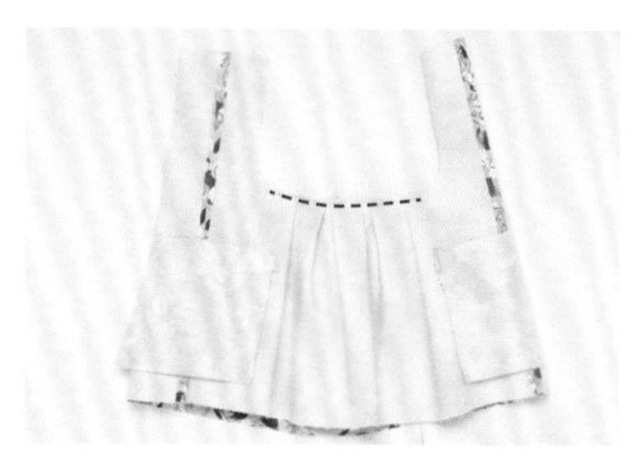

04 依記號打褶後疏縫固定

05 於裡袋身製作貼式口袋及一字拉鍊口袋

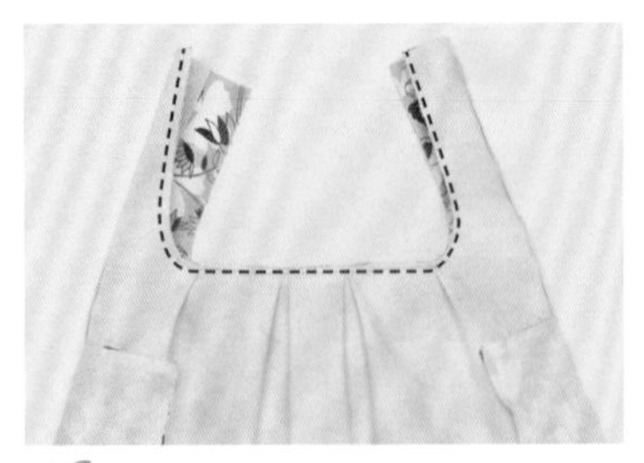

06 將 1 片正面朝外的裡袋身套入正面朝內的表袋身中，車縫袋口 U 字

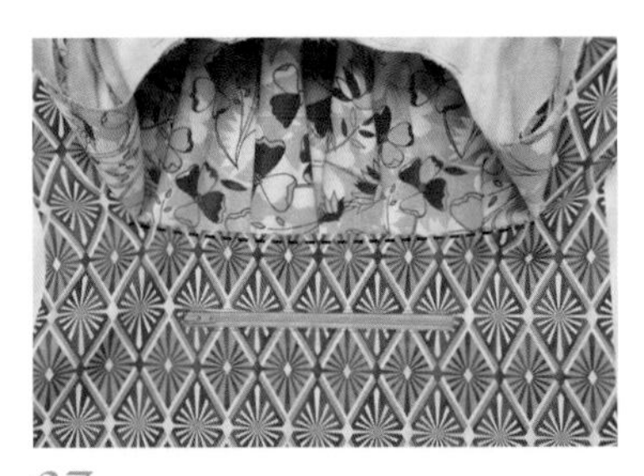

07 將裡袋身正面翻出，沿袋口車縫 U 字處 0.2 公分壓臨邊線

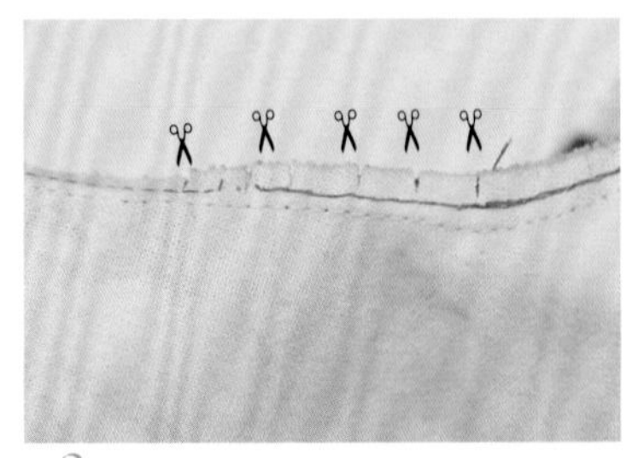

08 翻回背面，袋口 U 字處剪牙口使弧度平順，小心不要剪到車縫線與臨邊線

09 重複步驟 6~8 完成另 1 片裡袋身與表袋身 U 字袋口車縫

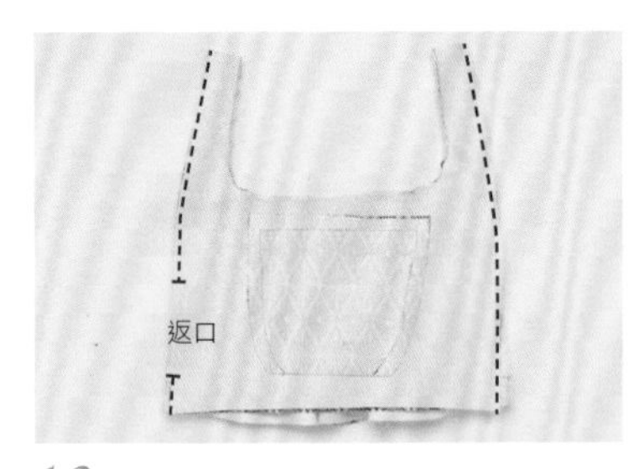

10 將裡袋身正面相對，車縫側邊，其中一側邊需留返口，側邊縫份燙開

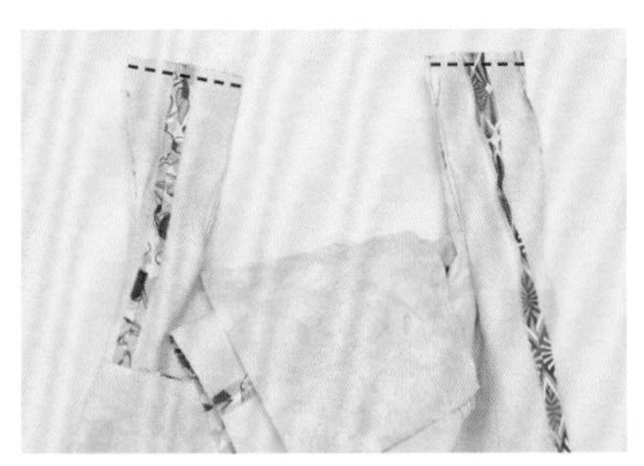

11 將表裡袋身最上緣短邊正面相對，車縫固定

12 將袋身正面翻出，沿袋口車縫 U 字處 0.2 公分壓裝飾線

13 依紙型位置於表袋身縫上皮絆釦下片

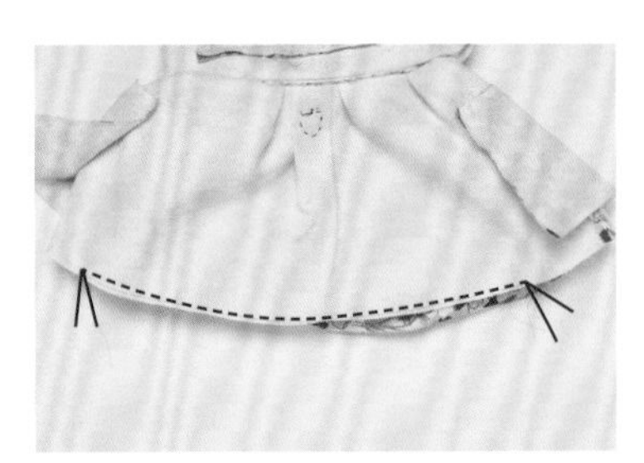

14 再將袋身翻回背面，於表袋底距離側邊約 10 公分開始大針趾疏縫一道，頭尾留一段線頭，並將兩條線挑至表袋身背面

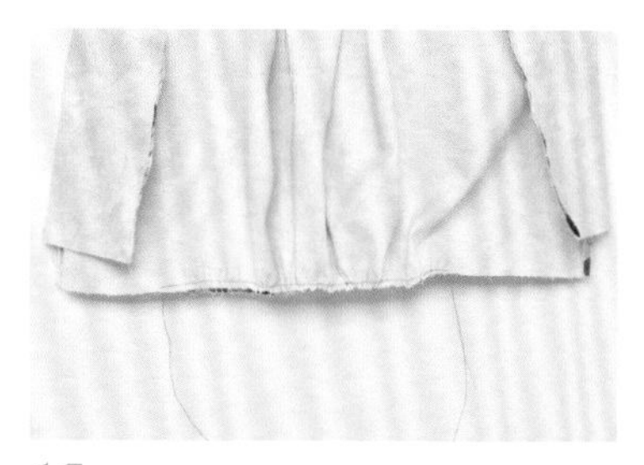

15 依據袋底的大小，選擇兩條線的其中一條線，將表袋底抽皺至與袋底同樣大小

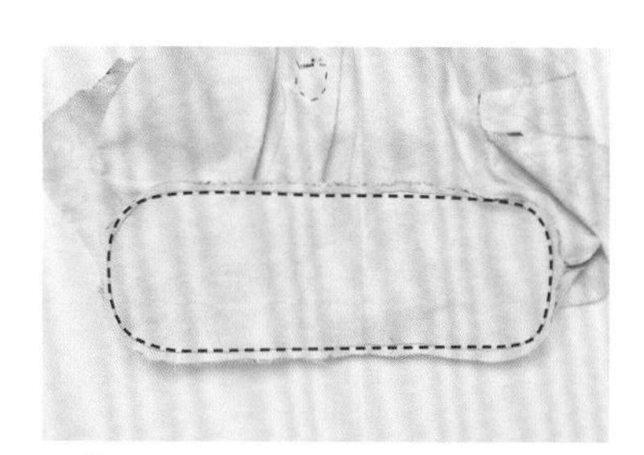

16 將表袋身與表袋底正面相對，車縫一圈

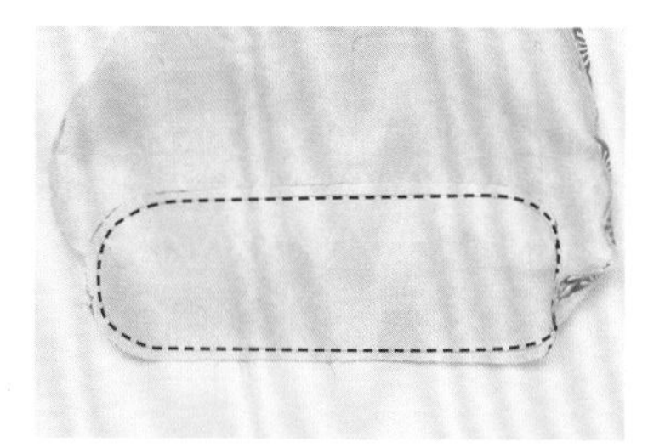

17 將裡袋身與裡袋底正面相對，車縫一圈

18 由返口翻回正面，將表裡袋底背面由返口抓出，於兩側邊縫份處車縫固定

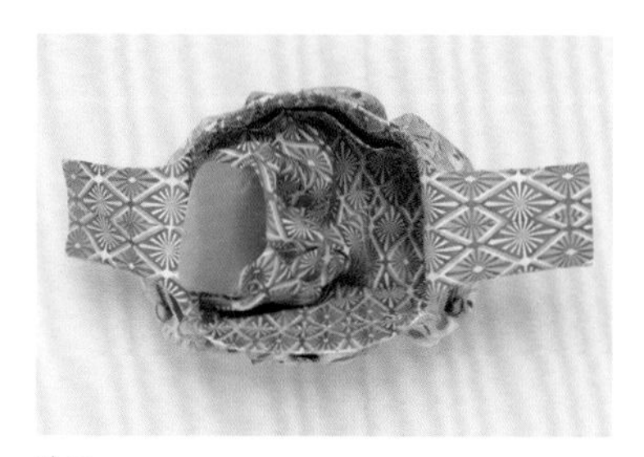

19 依紙型裁剪 PE 底板，由返口將 PE 底板置於袋底

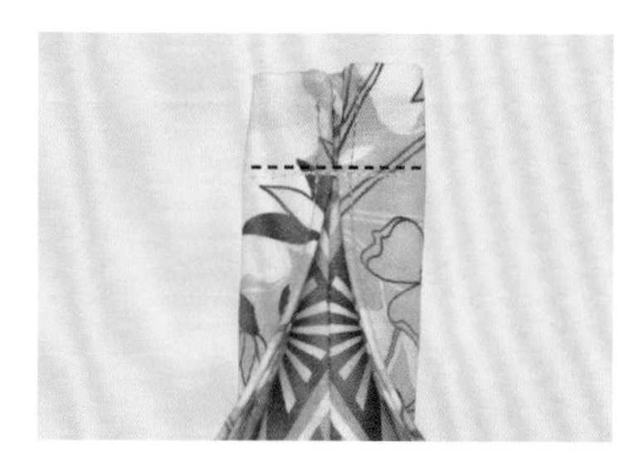

20 將袋身上方連接提把處（U 字上方）往裡袋身中間線對折，車縫固定

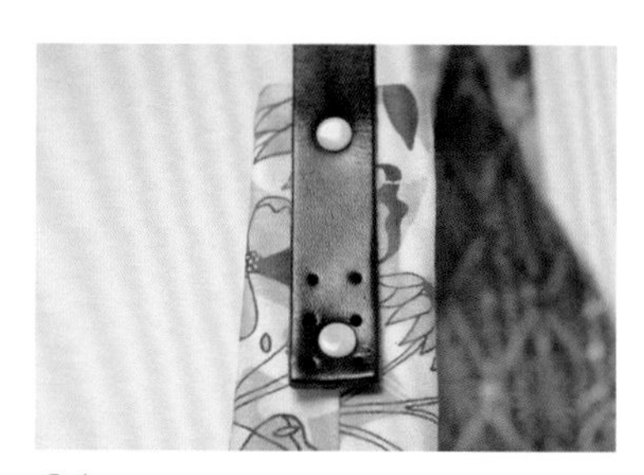

21 固定皮背帶

22 固定皮絆釦上片，縫合返口，完成

英倫風大都會肩背包

運用炫目的色彩及經典的格紋元素，
隨著光線的移動閃耀出不同的色澤，
即使帶點奢華氣勢也不改自然的本性。

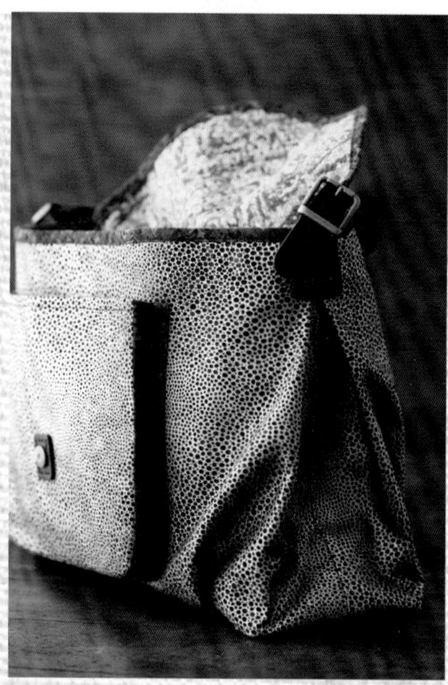

英倫風大都會肩背包

● {完成尺寸約：23.5 公分 × 40 公分 × 12 公分}

Materials 材料準備

- 布料 3 色各 1 碼
- 0.8 公分鉚釘 10 組
- 18 公分拉鍊 2 條
- 皮背帶 1 條
- 皮絆釦 1 組
- PE 底板
- 厚布襯 4 尺
- 薄布襯 2 尺

Cutting and Fusing Instructions 裁布

裁切尺寸皆已含 0.7 公分縫份

布料 A	表前袋身	依紙型 1 片	燙厚布襯
	表後袋身加袋蓋	依紙型1 片	燙厚布襯
	前口袋	依紙型 2 片	燙未含縫份厚布襯
	後一字拉鍊口袋	22 公分 × 36 公分 × 1 片	燙薄布襯
布料 B	表袋底	13.5 公分 × 41.5 公分 × 1 片	燙厚布襯
	前口袋側身	4.5 公分 × 58 公分 × 2 條	其中 1 片燙未含縫份厚布襯為表布
	袋口加袋蓋滾邊	4 公分 × 120 公分 × 1 條	斜布條
布料 C	裡前袋身	依紙型 1 片	燙厚布襯
	裡後袋身加袋蓋	依紙型1 片	燙厚布襯
	裡一字拉鍊口袋	22 公分 × 36 公分 × 1 片	燙薄布襯
	裡貼式口袋	30 公分 × 34 公分 × 1 片	燙薄布襯 30 公分 × 17 公分

How To Make 作法

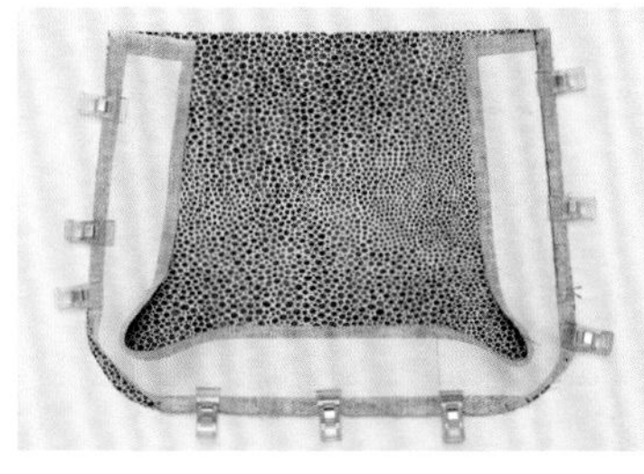

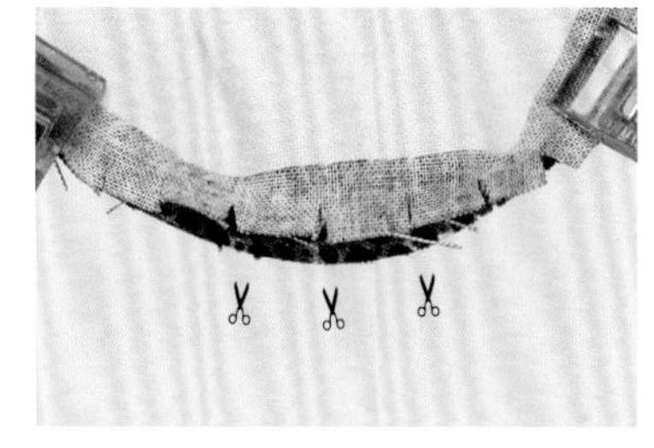

01 將表前口袋與表前口袋側身正面相對，側邊與底部先用強力夾固定。弧度處剪牙口

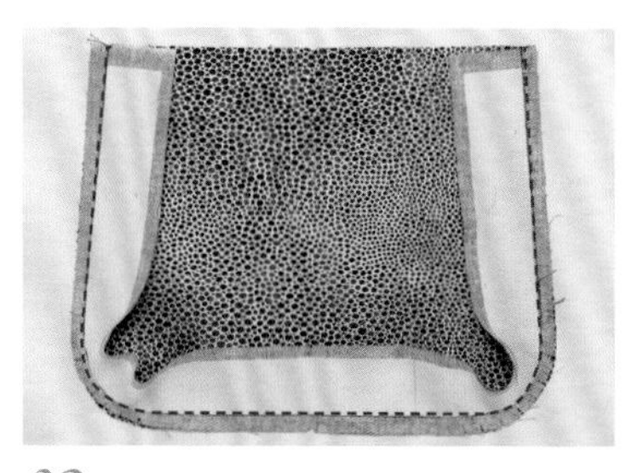

02 表前口袋與表前口袋側身車縫固定

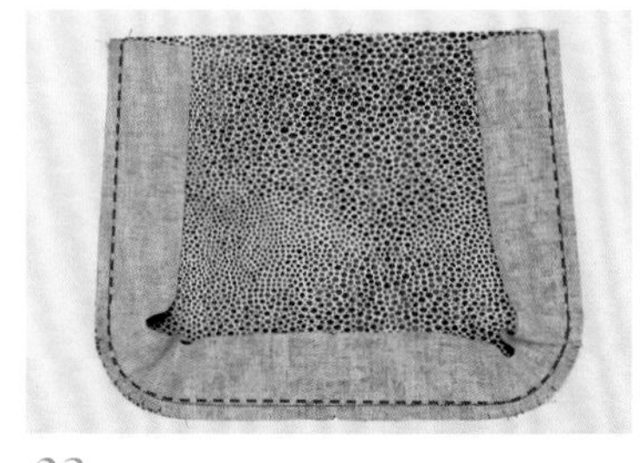

03 重複步驟 1~2 組合裡前口袋與裡前口袋側身

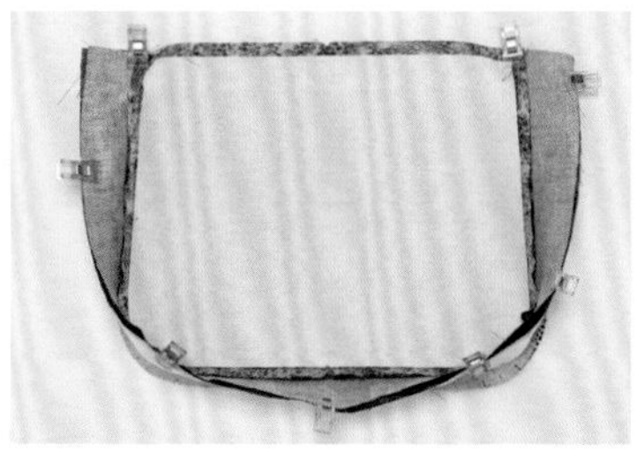

04 將前口袋表裡正面相對，用強力夾固定，側身縫份錯開

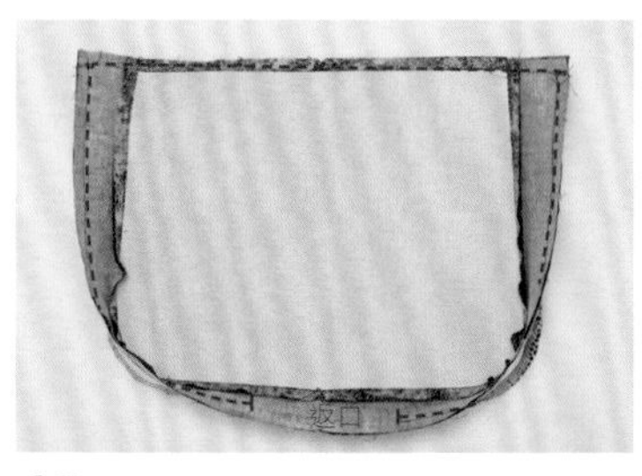

05 車縫一圈固定，袋底需留一返口

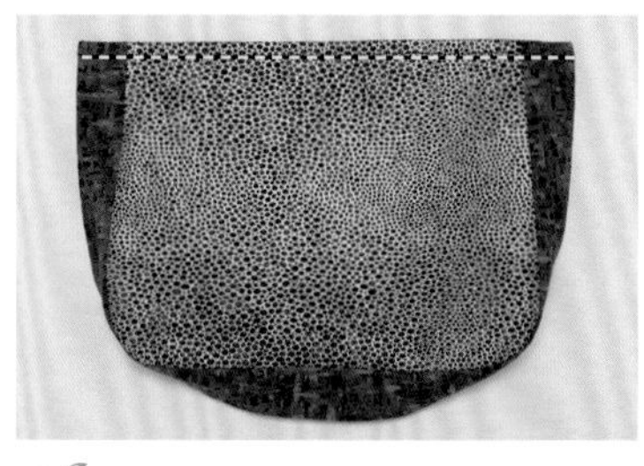

06 將前口袋由返口翻回正面整燙，袋口沿邊 0.7 公分壓裝飾線

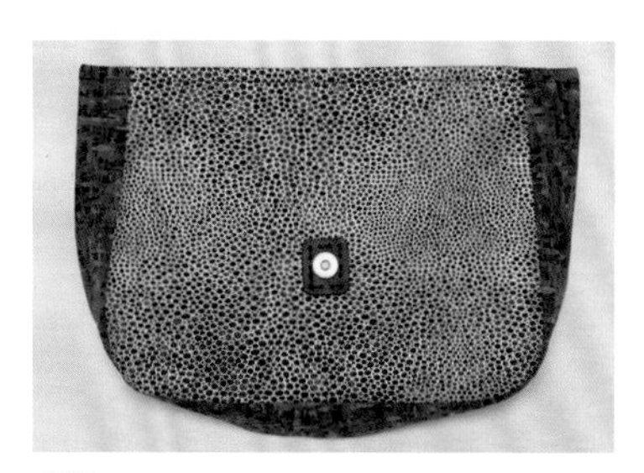

07 於前口袋縫上皮絆釦下片

05 英倫風大都會肩背包

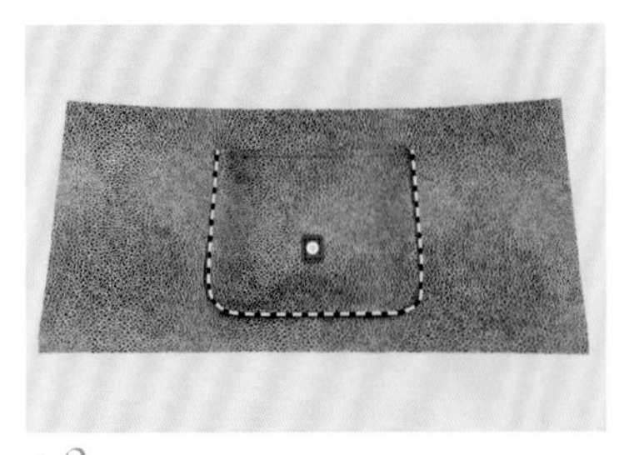

08 依紙型位置將前口袋車縫固定於表前袋身上

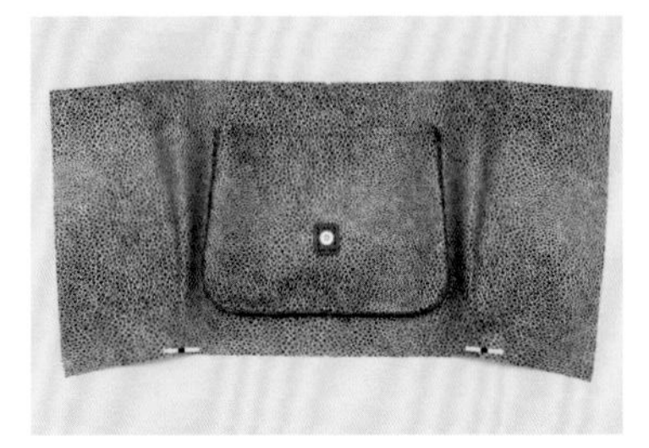

09 表前袋身下方依紙型打褶記號打褶疏縫

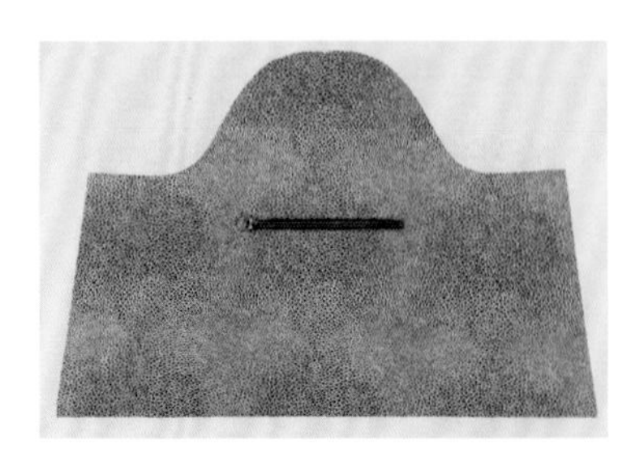

10 於表後袋身加袋蓋依紙型位置製作一字拉鍊口袋

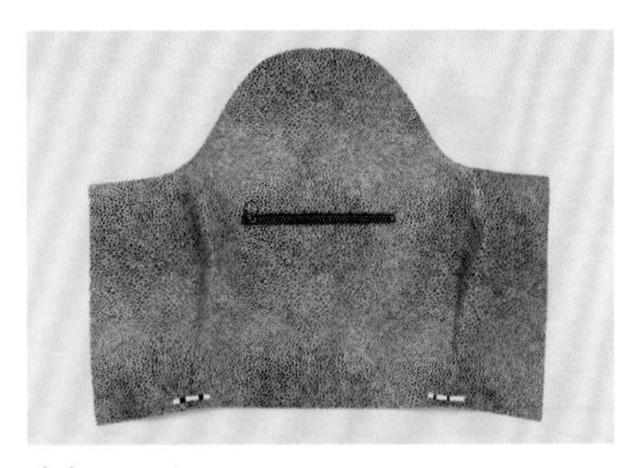

11 表後袋身加袋蓋下方依紙型打褶記號打褶疏縫

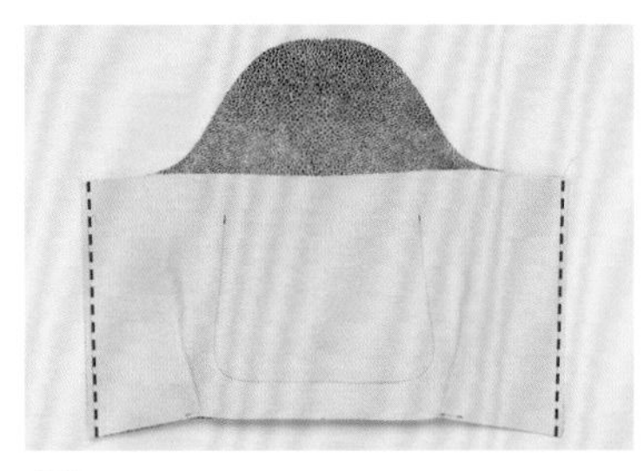

12 將表前袋身與表後袋身加袋蓋正面相對，車縫側邊，縫份燙開

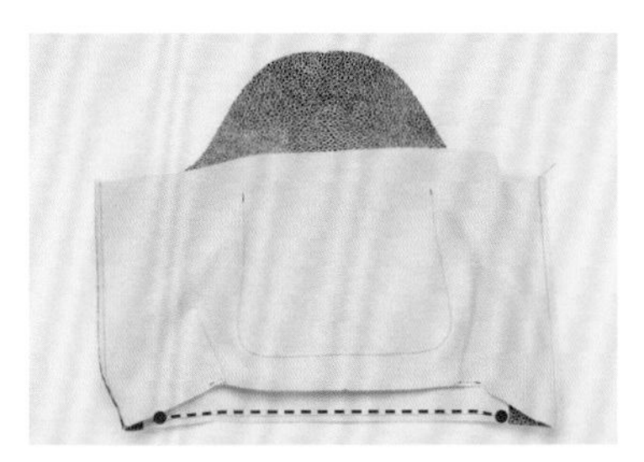

13 將表袋底一長邊與表後袋身下方正面相對，中心對齊，車縫至止點

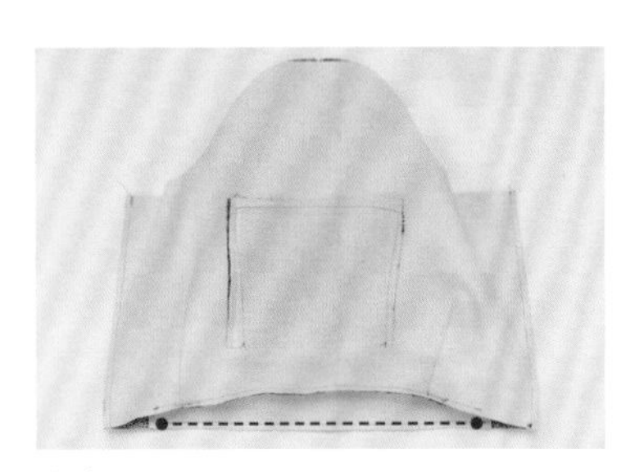

14 將表袋底另一長邊與表前袋身下方正面相對，中心對齊，車縫至止點

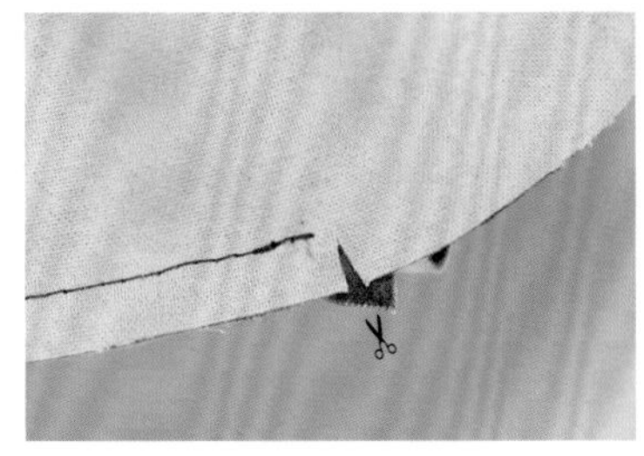

15 於表袋身止點處剪一刀，小心不要剪到車縫線

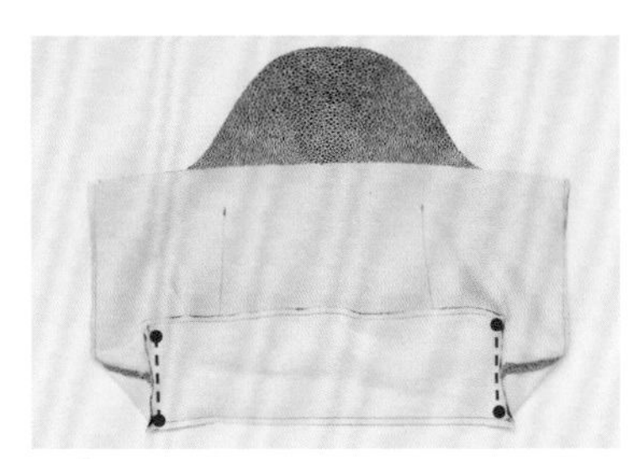

16 將表袋身下方轉 90 度直角與表袋底短邊正面相對，車縫至止點

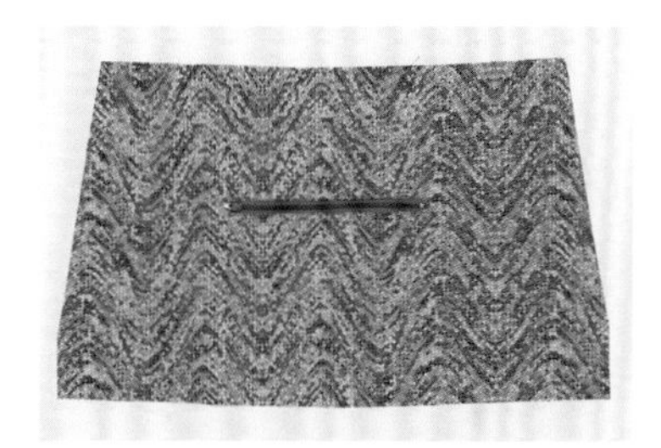

17 於裡前袋身及裡後袋身加袋蓋製作貼式口袋及一字拉鍊口袋

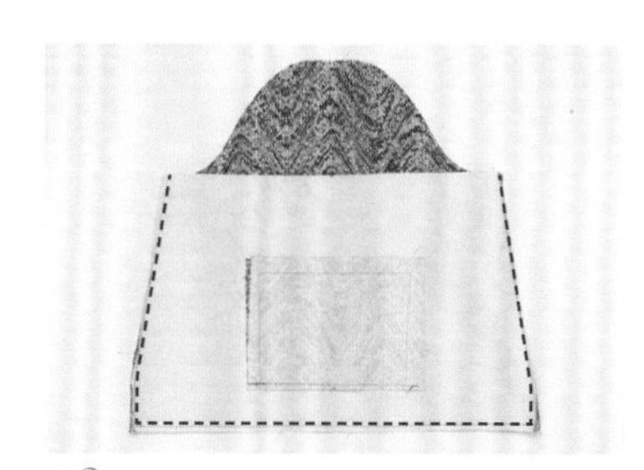

18 將裡前袋身與裡後袋身加袋蓋正面相對，車縫右下左三邊，縫份燙開

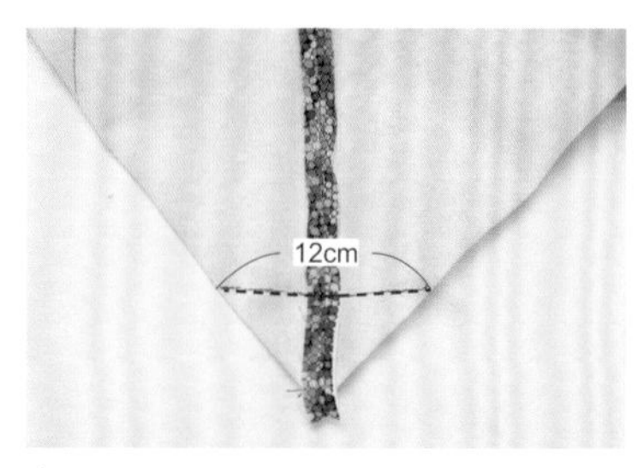

19 車縫裡袋底角 12 公分

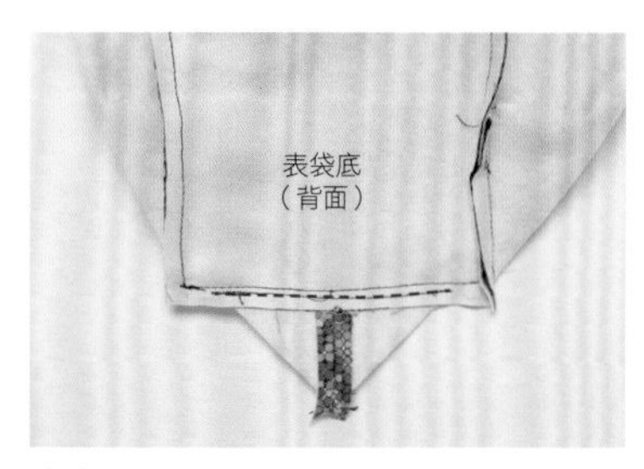

20 將表裡袋身側邊背面相對，袋底短邊對齊，將表裡袋底疏縫固定

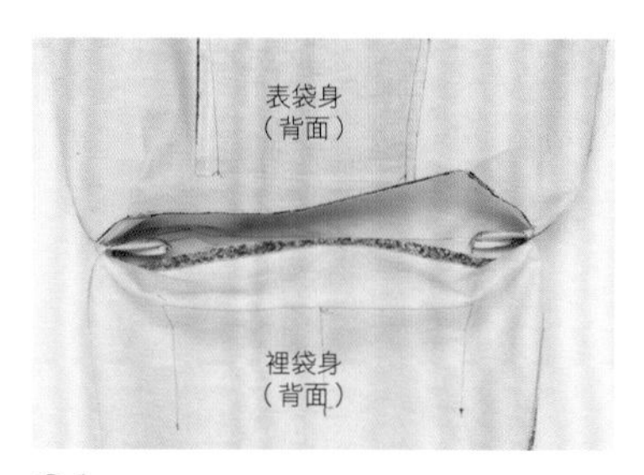

21 表裡袋底疏縫後，縫份為倒向袋底

22 將表袋身正面翻出，側邊依紙型打褶記號打褶疏縫

23 將表裡袋身袋口及袋蓋邊緣背面相對疏縫一圈，於前方留一開口不車

24 從開口將 PE 底板置於表裡袋底之間

25 將開口疏縫固定

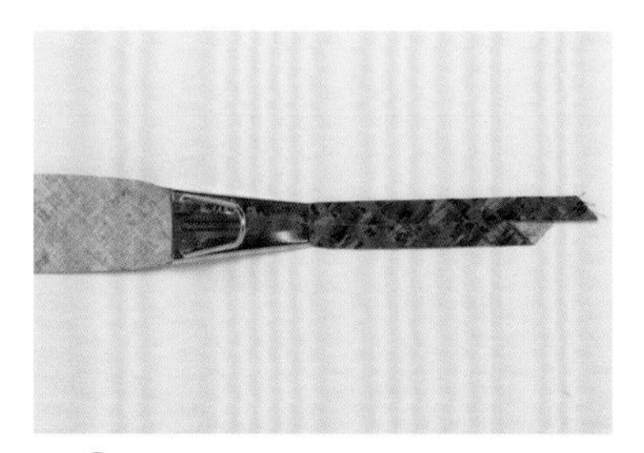

26 利用 18mm 滾邊器折燙袋口加袋蓋滾邊布

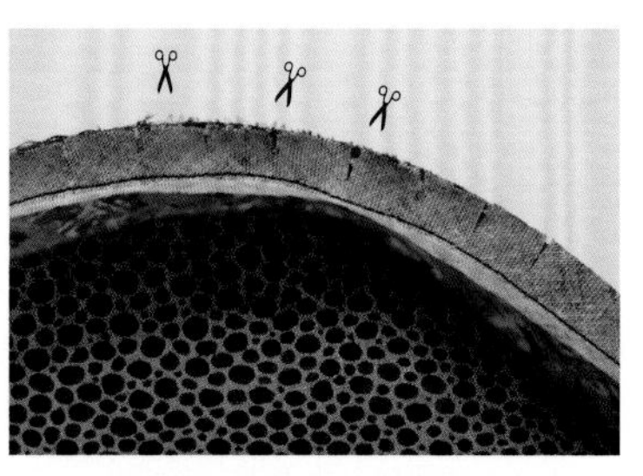

27 將滾邊布與表袋口及表袋蓋一圈正面相對，頭尾縫份藏好，車合一圈固定，弧度處將滾邊略剪牙口使滾邊平順

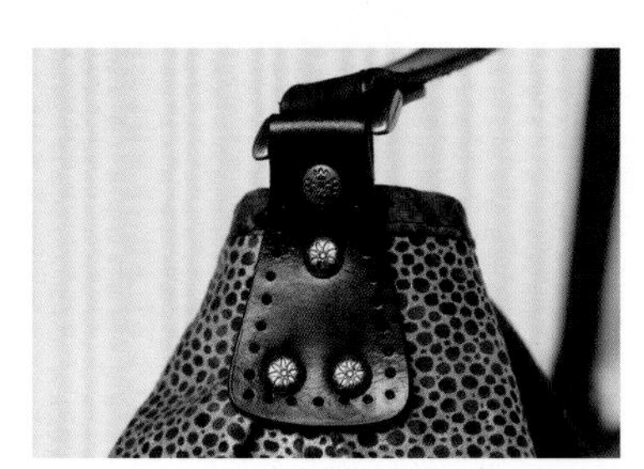

28 將滾邊布翻至裡袋口及裡袋蓋，縫份折入，沿滾邊布邊 0.1 公分壓裝飾線，同時固定滾邊

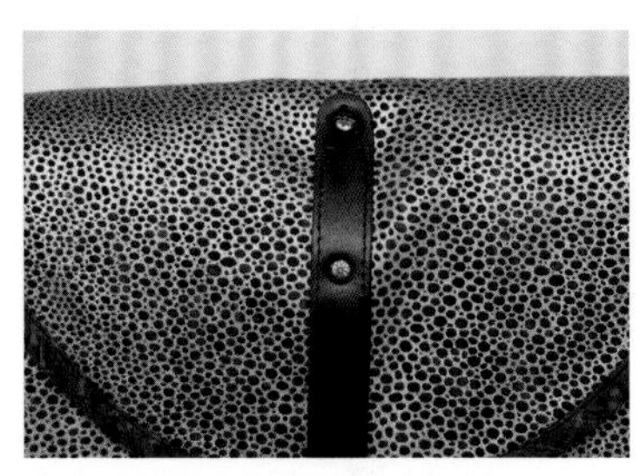

29 於袋蓋打上皮釦絆上片

30 前口袋側身打上鉚釘加強固定

31 側邊打上皮背帶固定，完成

玩味復刻後背包

小巧的後背造型，卻大膽運用色彩，
以略帶光澤的布調，突顯獨特個性風格，
圓弧型的袋口設計加上提把，
不但俏皮也能很享受自在的生活。

● {完成尺寸約：27.5~35 公分 × 31.5 公分 × 13.5 公分}

Materials 材料準備

- 布料 3 色各 1 碼
- 3 公分寬織帶 5 尺
- 0.8 公分鉚釘 4 組
- 四合釦 3 組
- 內徑 3 公分口型環 2 個
- 內徑 3 公分日型環 2 個
- 18 公分拉鍊 1 條
- 20 公分拉鍊 1 條
- 40 公分拉鍊 1 條
- 皮製手提把 1 條
- PE 底板
- 厚布襯 4 尺
- 薄布襯 2 尺

06 玩味復刻後背包

Cutting and Fusing Instructions 裁布

裁切尺寸皆已含 0.7 公分縫份

布料 A	表前袋身	依紙型 1 片	燙厚布襯
	表後上袋身	依紙型 1 片	燙厚布襯
	表後下袋身	依紙型 1 片	燙厚布襯
	表袋底	依紙型 1 片	燙厚布襯
	袋蓋	依紙型 2 片	燙未含縫份厚布襯
	前口袋	依紙型 1 片	燙 ½ 厚布襯（參考步驟 22）
	後一字拉鍊口袋	24 公分 × 36 公分 × 1 片	燙薄布襯
	吊耳	7.5 公分 × 6 公分 × 2 片	燙厚布襯 3 公分 × 6 公分（參考步驟 16）
	拉鍊擋布	3 公分 × 6 公分 × 6 片	其中 2 片燙厚布襯
布料 B	後背帶裝飾布	5 公分 × 76 公分 × 2 條	
布料 C	裡前袋身	依紙型 1 片	燙厚布襯
	裡後袋身	依紙型 1 片	燙厚布襯
	裡袋底	依紙型 1 片	燙厚布襯
	裡一字拉鍊口袋	22 公分 × 36 公分 × 1 片	燙薄布襯
	裡貼式口袋	30 公分 × 34 公分 × 1 片	燙薄布襯 30 公分 × 17 公分
	裡袋身滾邊	4 公分 × 90 公分 × 1 條	斜布條
	PE 底板包布	依袋底紙型 2 片	

How To Make 作法

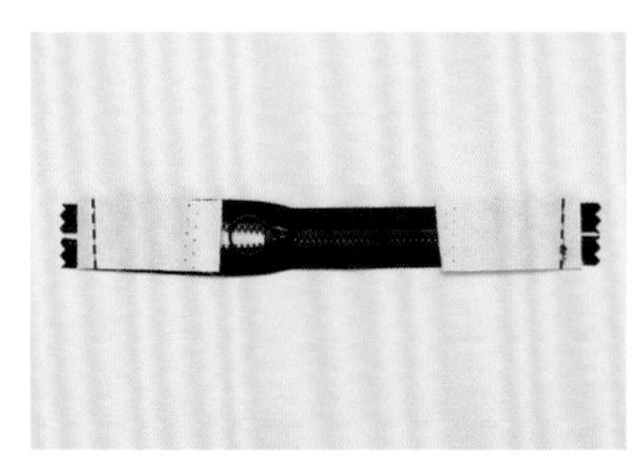

01 將燙厚布襯的拉鍊擋布與 20 公分拉鍊正面相對，車縫短邊

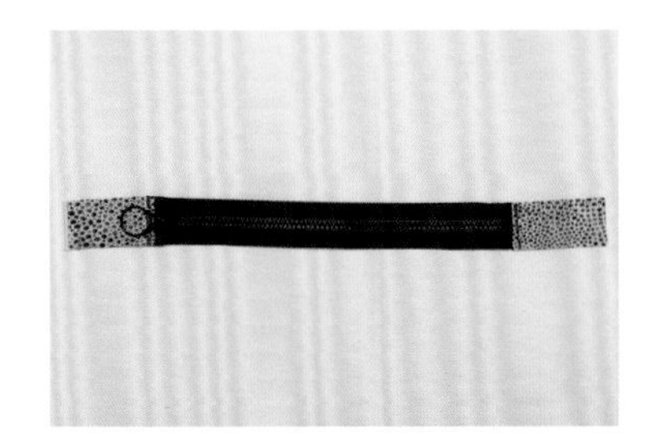

02 將拉鍊擋布翻回正面，沿車合邊 0.2 公分壓裝飾線，將拉鍊擋布修剪至與拉鍊同寬

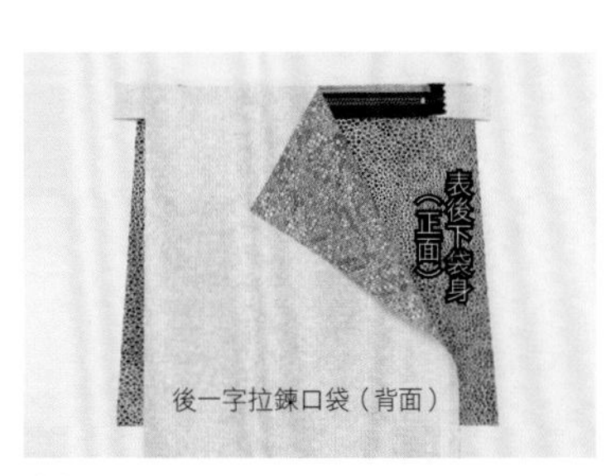

03 利用水溶性膠帶黏合表後下袋身、拉鍊與後一字拉鍊口袋

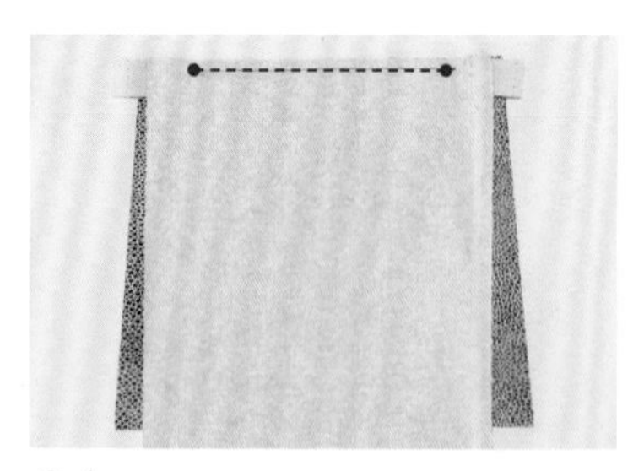

04 車縫拉鍊上下止之間

05 將後一字拉鍊口袋掀開，車縫表後下袋身與拉鍊上下止之外

06 翻回正面，沿車合邊 0.2 公分壓裝飾線

07 利用水溶性膠帶黏合表後上袋身與拉鍊

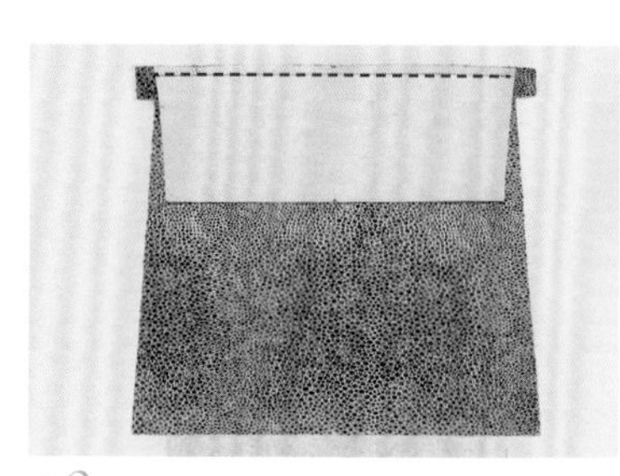

08 將表後上袋身與拉鍊車縫固定

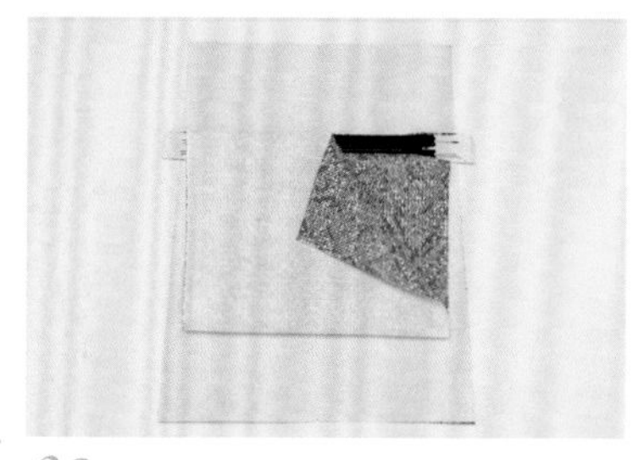

09 將後一字拉鍊口袋往上翻折，利用水溶性膠帶黏合拉鍊另一邊與後一字拉鍊口袋

10 沿表後上袋身與拉鍊車合邊 0.2 公分壓裝飾線，同時固定後一字拉鍊口袋

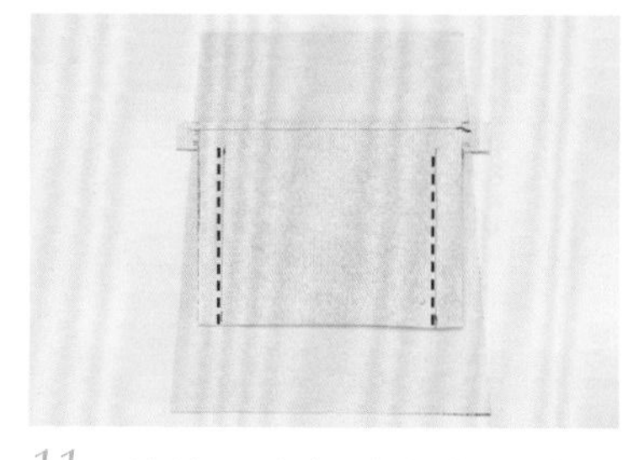

11 將後一字拉鍊口袋側邊車合

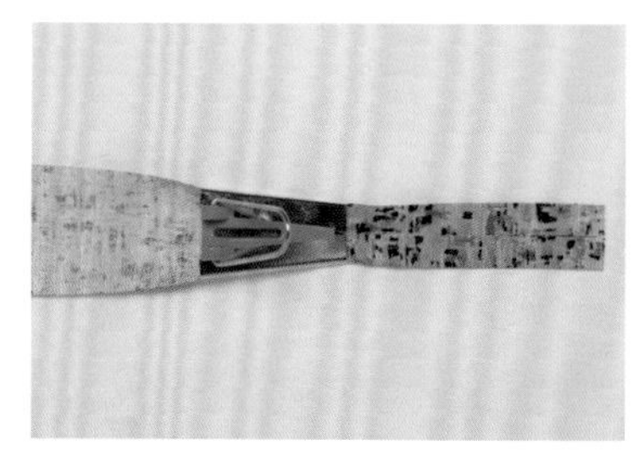

12 利用 25mm 滾邊器折燙後背帶裝飾布

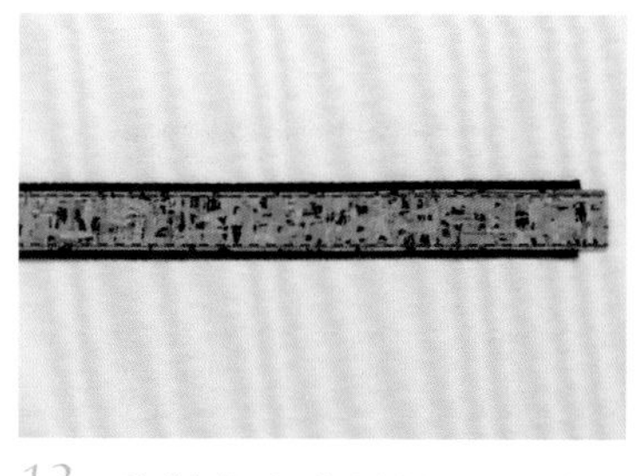

13 將裝飾布車縫於織帶（75 公分 X 2 條）上，其中一端裝飾布需比織帶多留出約 1 公分

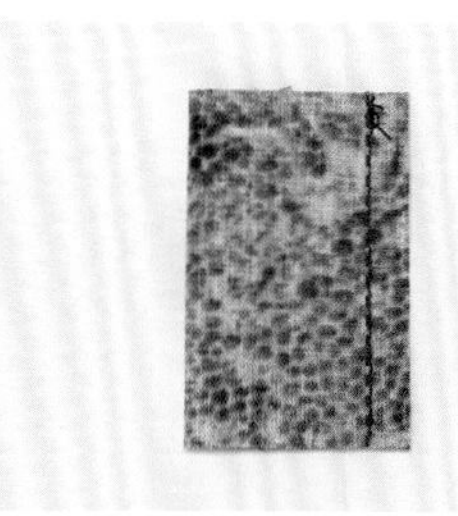

14 將吊耳長邊正面相對車縫一道

15 將縫份置中燙開

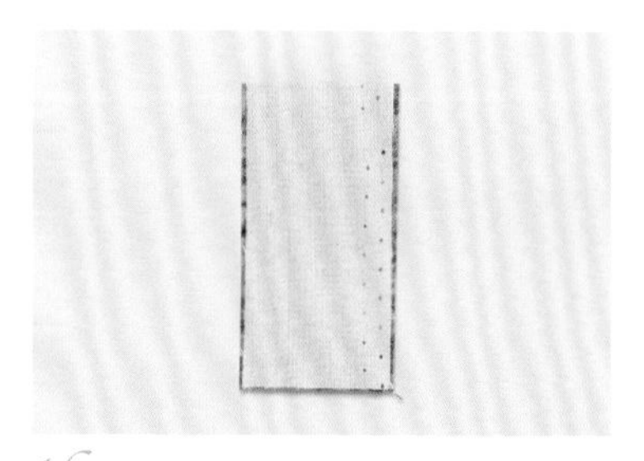

16 於無縫份那面燙上厚布襯

17 將吊耳翻回正面整燙，沿長邊 0.2 公分壓裝飾線

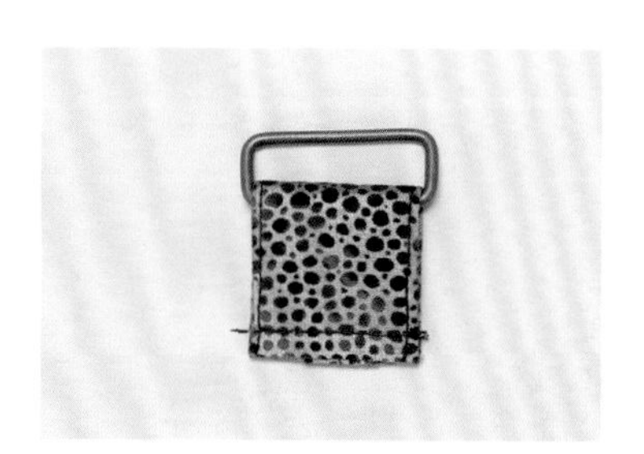

18 將吊耳穿過口型環後對折，短邊對齊疏縫，如此完成 2 個

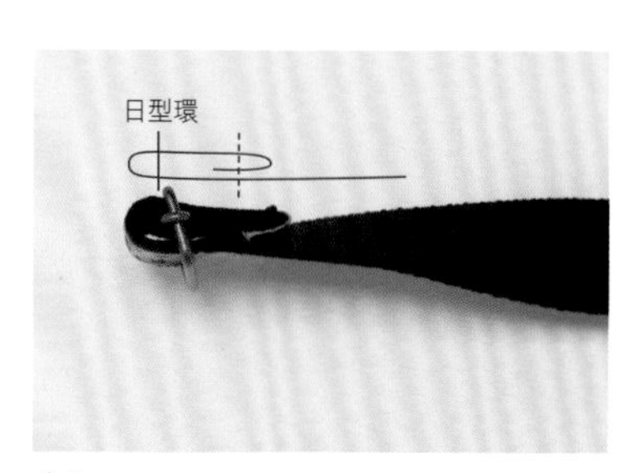

19 將後背帶多出裝飾布的一端穿過日型環後，多出的裝飾布折入，車縫固定

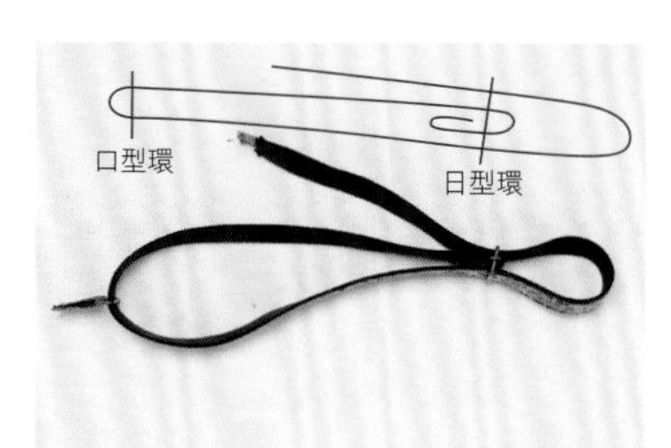

20 依圖示將後背帶另一端依序穿過口型環與日型環

21 依紙型位置將吊耳與後背帶疏縫於表後袋身

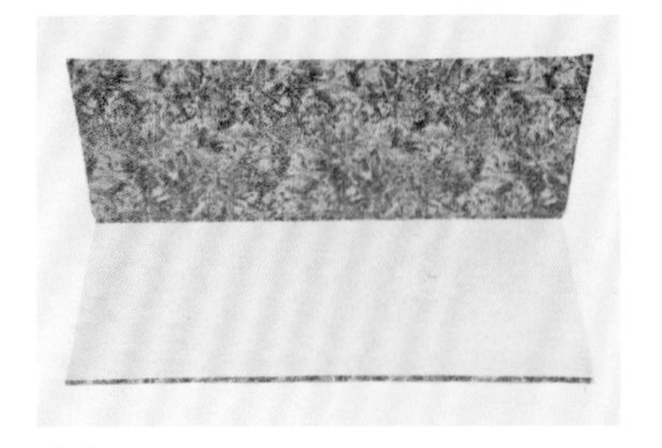

22 前口袋依圖示燙上 ½ 厚布襯

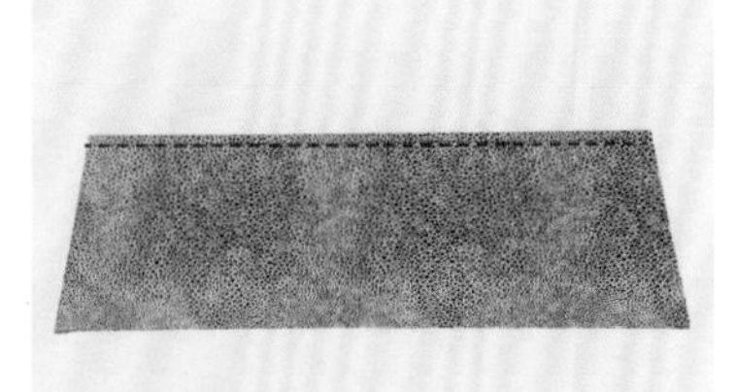

23 將前口袋對折，沿折邊 0.7 公分壓裝飾線

24 將前口袋與表前袋身下方對齊疏縫側邊並依紙型車縫兩道將前口袋平均分成三格

25 於三格前口袋袋口依紙型位置分別打上四合釦

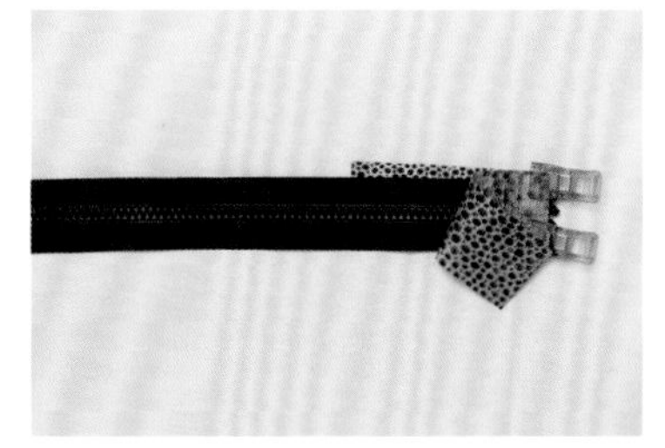

26 將拉鍊擋布與 40 公分拉鍊短邊正面相對

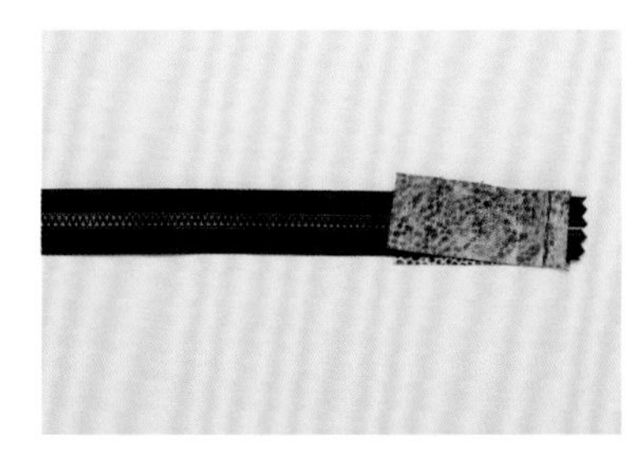

27 將拉鍊擋布與拉鍊車縫固定

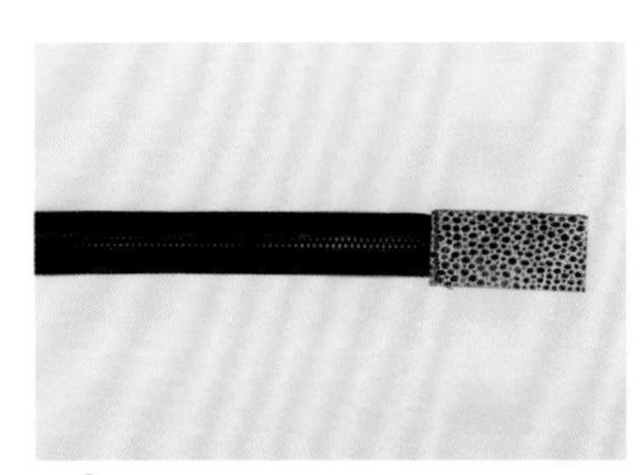

28 將拉鍊擋布翻回正面，沿車合邊 0.2 公分壓裝飾線，將拉鍊擋布修剪至與拉鍊同寬

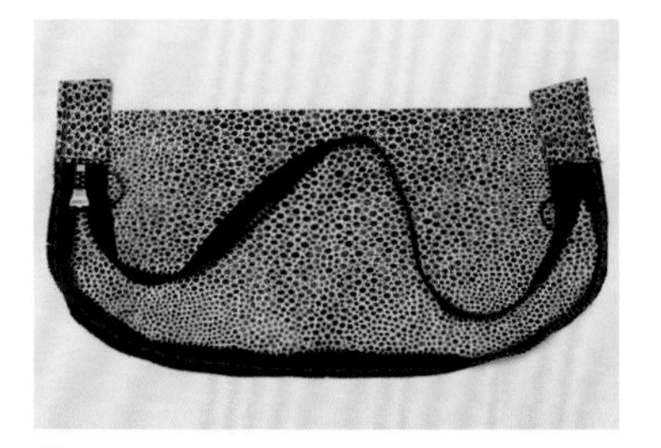

29 將拉鍊與表袋蓋正面相對，弧度處將拉鍊剪牙口，疏縫固定

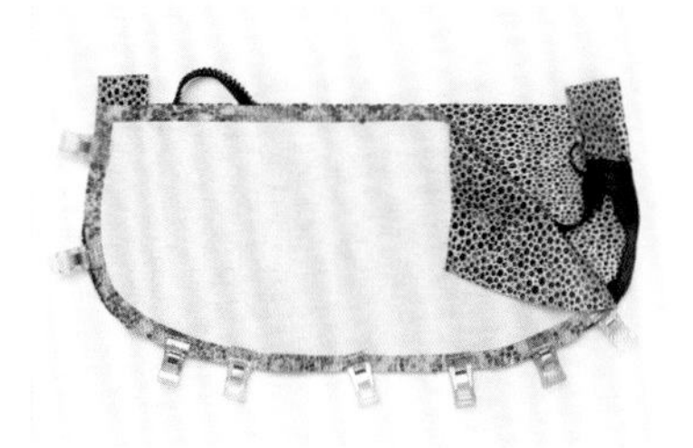

30 將裡袋蓋與表袋蓋正面相對，利用強力夾暫時固定

31 車縫袋蓋 U 形處，弧度處剪牙口

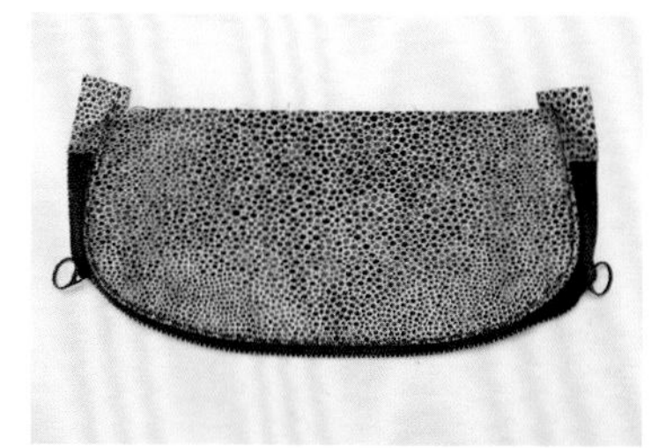

32 將袋蓋翻回正面，沿 U 形邊 0.2 公分壓裝飾線

33 於裡前袋身及裡後袋身製作貼式口袋及一字拉鍊口袋

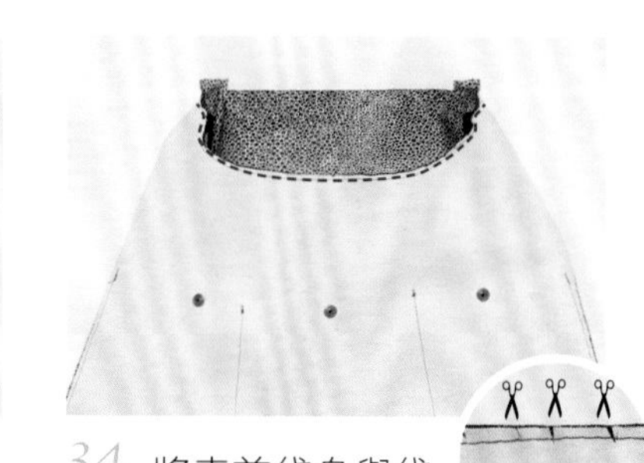

34 將表前袋身與袋蓋拉鍊 U 形處正面相對車縫，弧度處表前袋身剪牙口

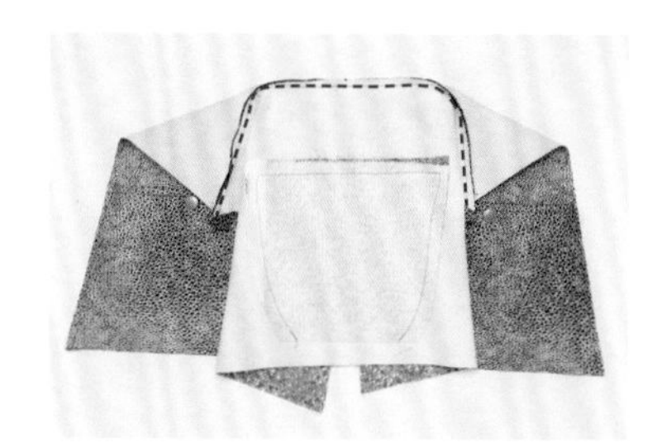

35 將裡前袋身正面與袋蓋拉鍊背面相對，車縫固定，弧度處裡前袋身剪牙口

36 利用強力夾將裡後袋身上方、袋蓋（無拉鍊處）與表後袋身上方三層固定

37 車縫止點之間

38 於止點相對位置的袋蓋縫份處剪一刀，小心不要剪到車縫線

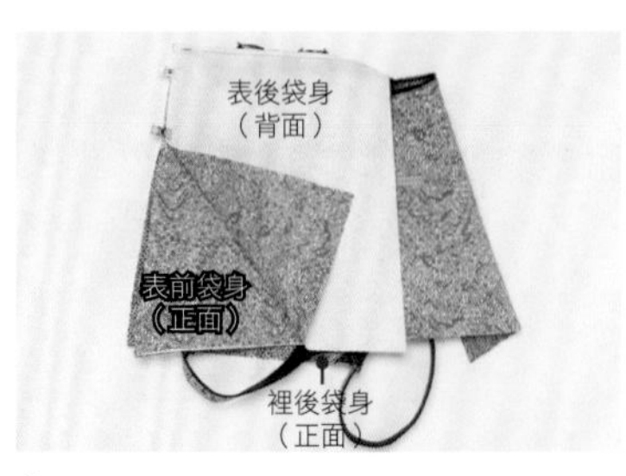

39 利用強力夾將裡後袋身、前袋身與表後袋身側邊三層固定

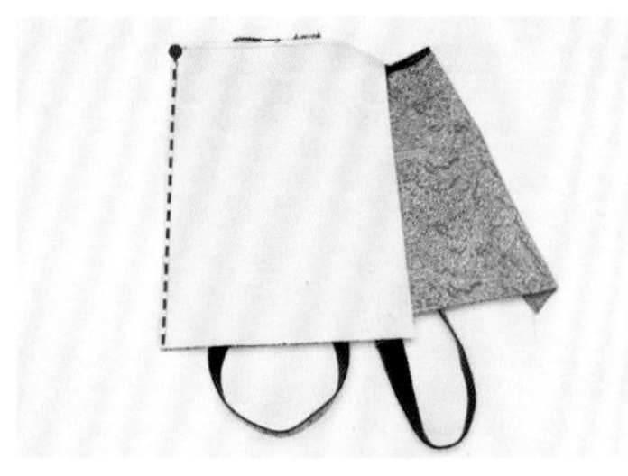

40 從止點開始車縫側邊

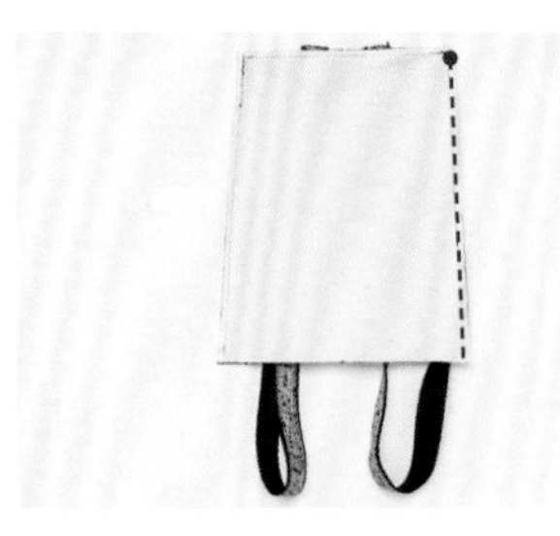

41 重複步驟 38~40 車縫前後袋身另一側邊

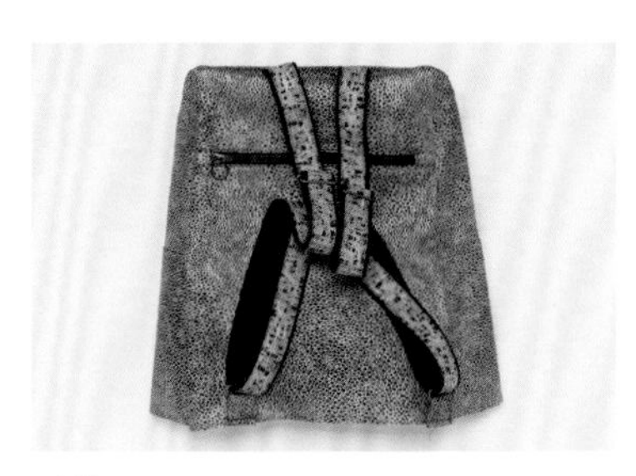

42 將袋身翻回正面

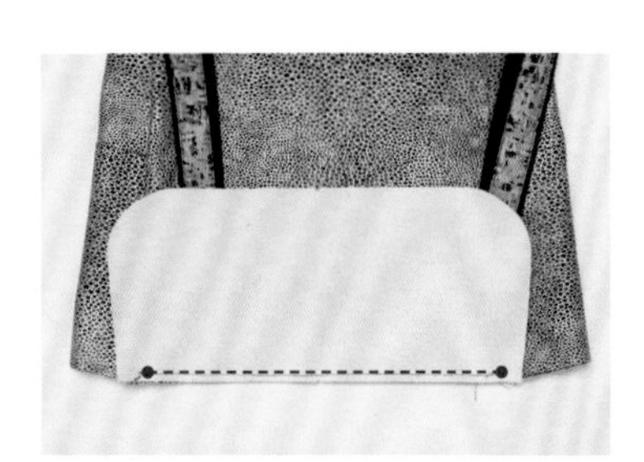

43 將表後袋身下方與表袋底直線邊正面相對，車縫止點之間

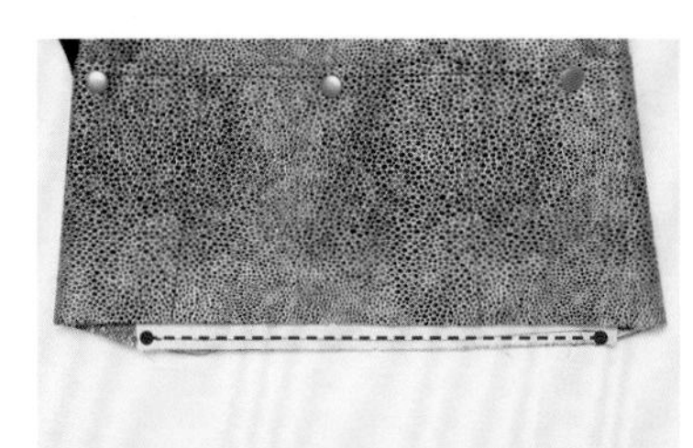

44 將裡後袋身下方與裡袋底直線邊正面相對，車縫止底之間

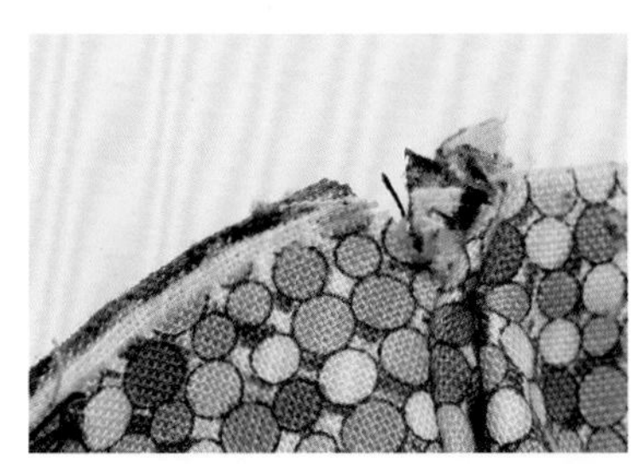

45 於止點相對位置的袋身縫份處剪一刀，小心不要剪到車縫線

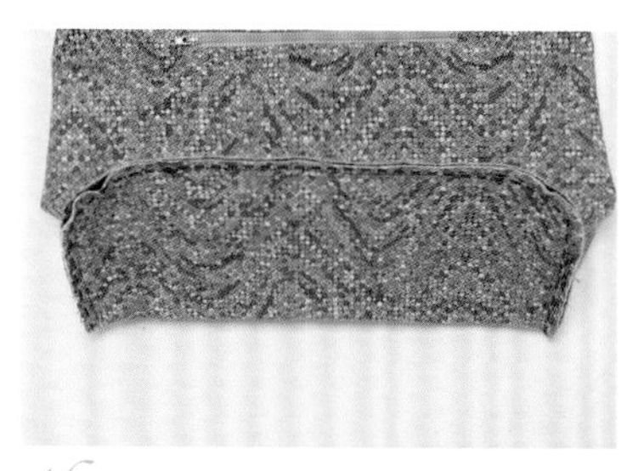

46 將表裡袋底背面相對、表袋底與袋身底部正面相對，車縫袋底 U 形

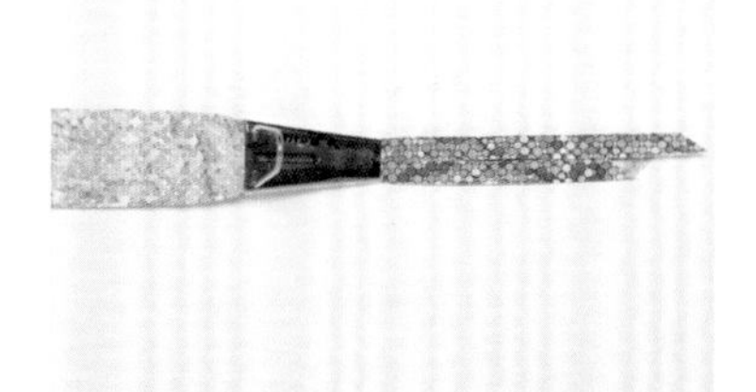

47 利用 18mm 滾邊器折燙裡袋身滾邊布

48 將滾邊布與袋身下方一圈正面相對，頭尾縫份折入，車合一圈

49 將滾邊布翻至袋底，縫份折入，沿滾邊布邊 0.1 公分壓裝飾線，同時固定滾邊

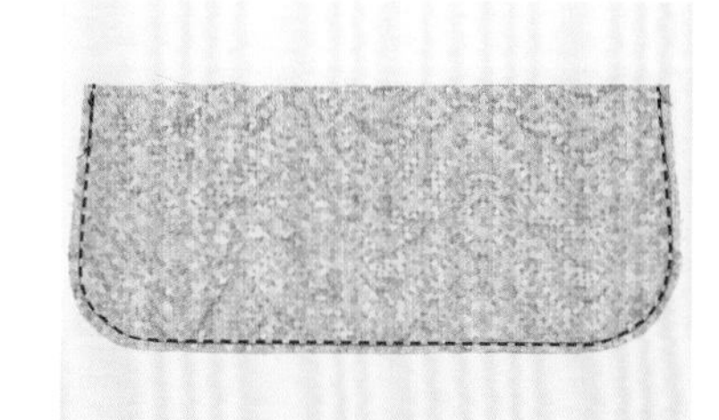

50 將 PE 底板包布正面相對，車縫 U 形

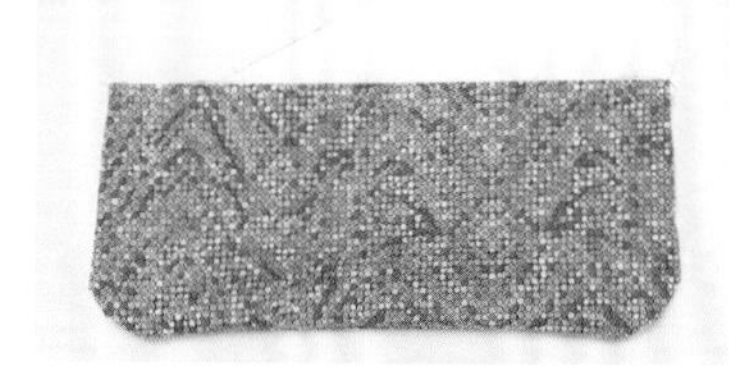

51 將 PE 底板包布翻回正面，置入 PE 底板

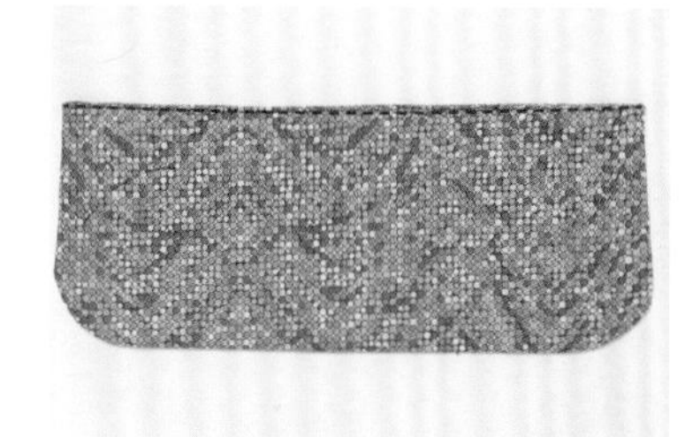

52 將直邊縫份折入，沿邊 0.2 公分壓裝飾線

53 將後背包翻回正面，置入 PE 底板

54 依紙型位置於袋蓋打上皮製手提把，完成

色覺系耍花樣扣帶包

清新的田園假期，盛開的鬱金香圖案，
以簡潔舒適的包款演繹出優雅的名媛形象，
而帶有塗鴉的視覺效果，緊緊扣住品味的示範。

色覺系耍花漾扣帶包

● {完成尺寸約：40 公分 × 37 公分 × 10 公分}

Materials 材料準備

- 布料 3 色各 1 碼
- 內徑 5 公分活動式圓型環 1個
- 18 公分拉鍊 1 條
- 30 公分拉鍊 1 條
- 1.8 公分磁釦 1 組
- 皮製手把 1 組
- 厚布襯 4 尺
- 薄布襯 2 尺

Cutting and Fusing Instructions 裁布

裁切尺寸皆已含 0.7 公分縫份

布料 A	表上袋身	依紙型 2 片	燙厚布襯
	表側身	依紙型 1 片	燙厚布襯
	夾層口袋裡布	依紙型 2 片	燙薄布襯
	裡拉鍊擋布	3 公分 × 7 公分 × 2 片	
	下絆釦	11.5 公分 × 11 公分 × 1 片	燙未含縫份厚布襯
布料 B	表下袋身	依紙型 2 片	燙厚布襯
	夾層口袋表布	依紙型 2 片	燙厚布襯
	上絆釦	11.5 公分 × 18 公分 × 1 片	燙未含縫份厚布襯
布料 C	裡袋身	依紙型 2 片	燙厚布襯
	裡側身	依紙型 2 片	燙厚布襯
	表拉鍊擋布	3 公分 × 7 公分 × 2 片	
	裡一字拉鍊口袋	22 公分 × 36 公分 × 1 片	燙薄布襯
	裡貼式口袋	32 公分 × 34 公分 × 1 片	燙薄布襯 32 公分 × 17 公分

How To Make 作法

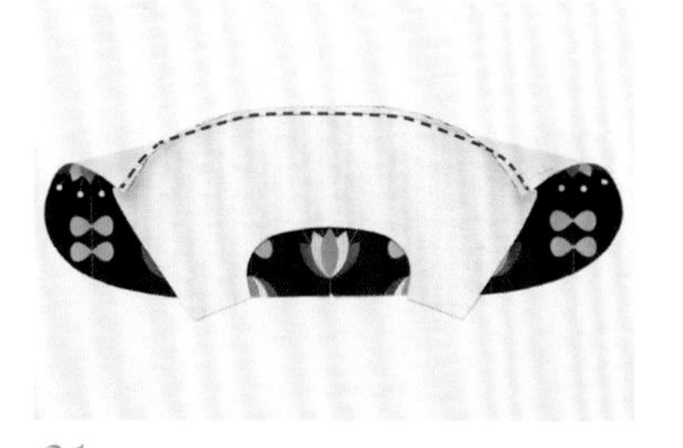
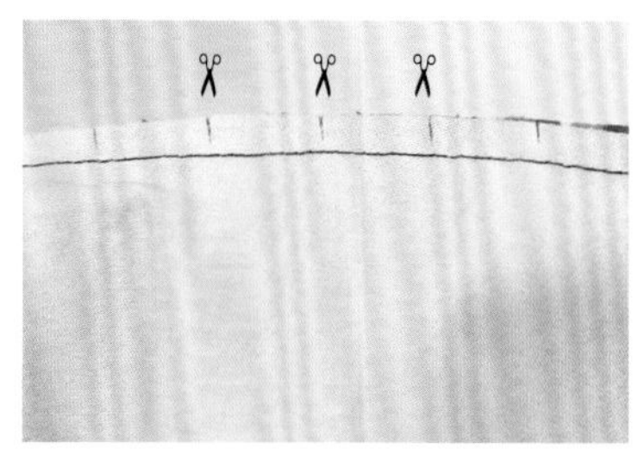
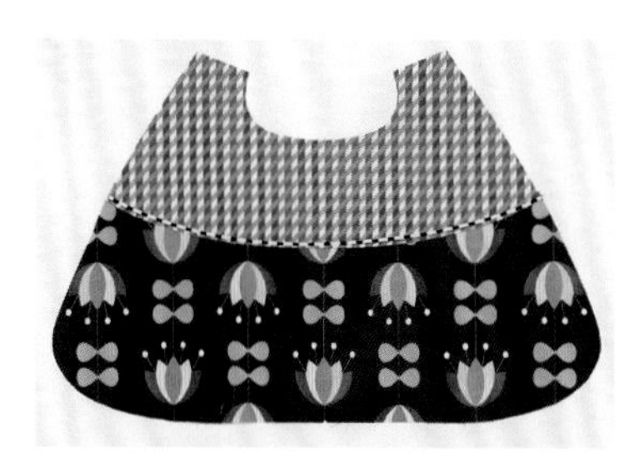

01 將表上袋身下方與表下袋身上方正面相對車合，弧度處表上袋身剪牙口

02 縫份倒向表上袋身，沿車合邊 0.2 公分於表上袋身壓裝飾線

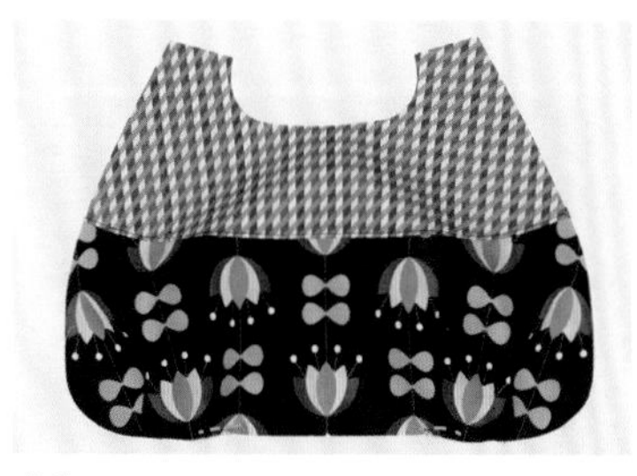
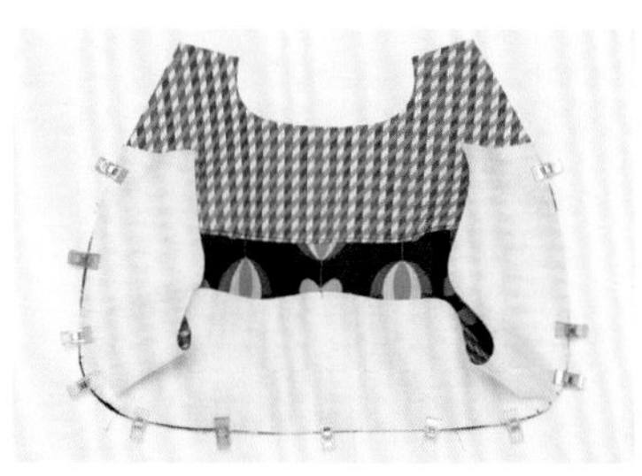

03 表袋身下方依紙型記號打褶疏縫

04 表側身短邊上緣先依紙型位置與表袋身對齊，接著表袋身右下左三邊與表側身長邊正面相對，表側身剪牙口使其對齊表袋身弧度處，利用強力夾固定

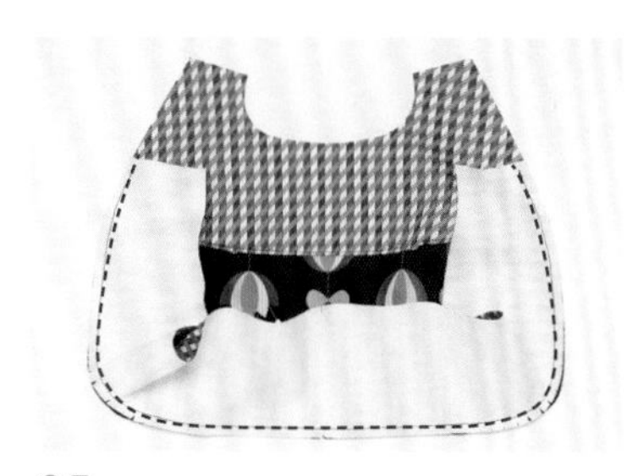
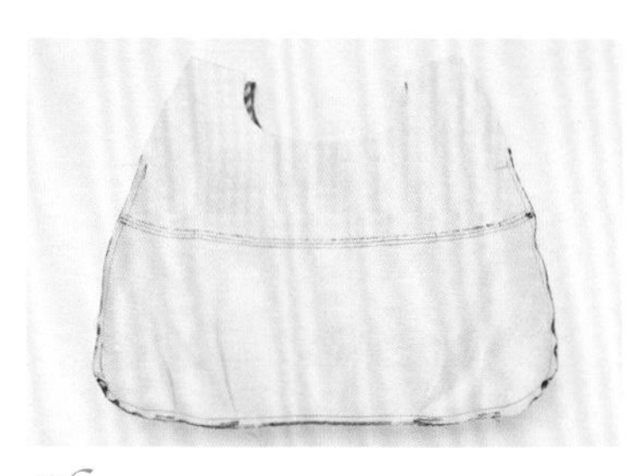
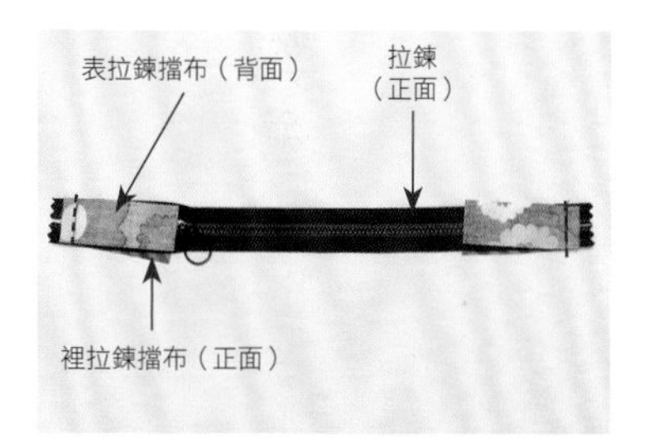

05 表袋身與表側身車縫固定

06 重複步驟 4、5 完成另一片表袋身與表側身的組合

07 將裡拉鍊擋布、 30 公分拉鍊短邊與表拉鍊擋布對齊車合

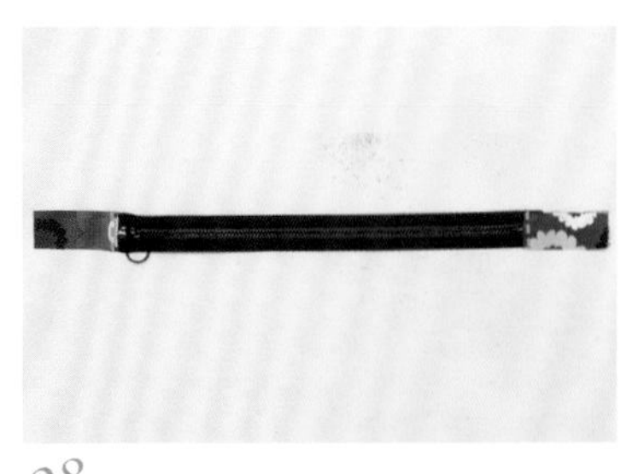

08 將拉鍊擋布翻回正面，沿車合邊 0.2 公分壓裝飾線

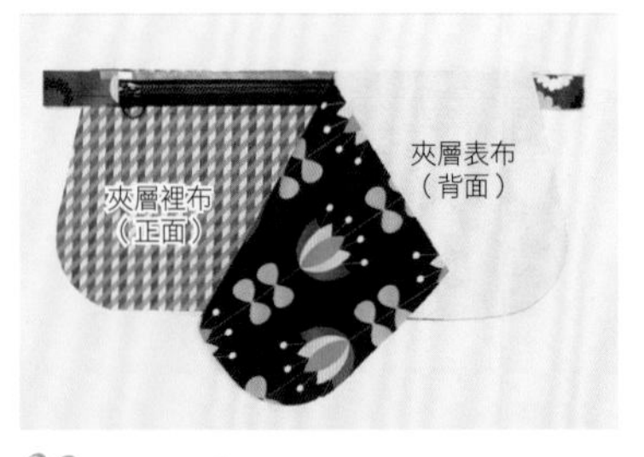

09 利用水溶性膠帶黏合夾層口袋裡布、拉鍊與夾層口袋表布

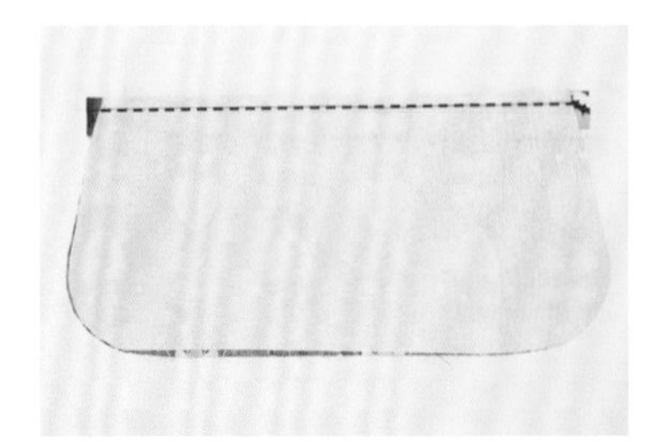

10 三層車縫固定

11 翻回正面整燙後，沿車合邊 0.2 公分壓裝飾線

12 重複步驟 9~11 組合拉鍊與另一邊夾層

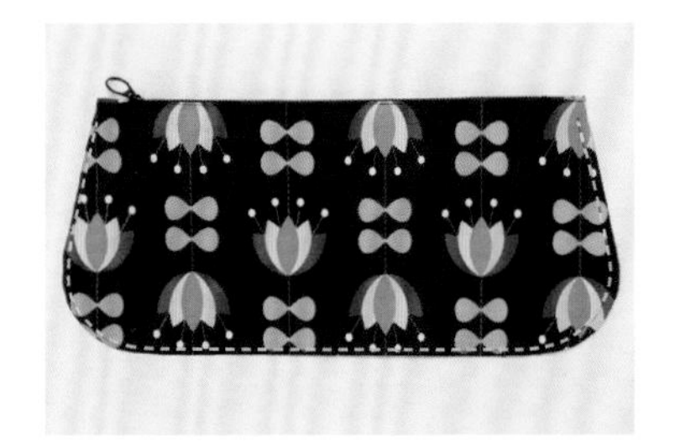

13 將兩邊夾層對齊疏縫右下左三邊

14 於裡袋身製作貼式口袋及一字拉鍊口袋

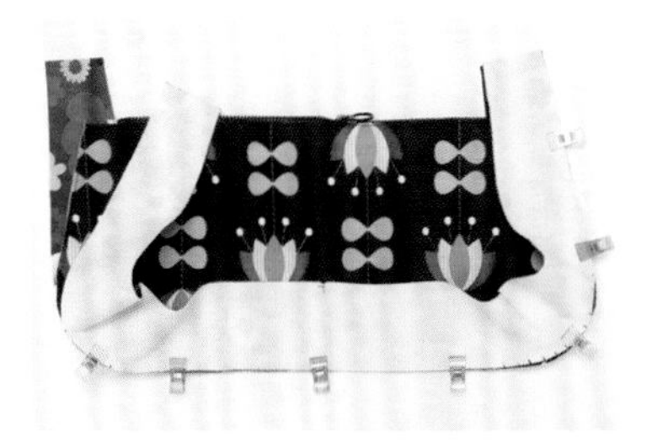

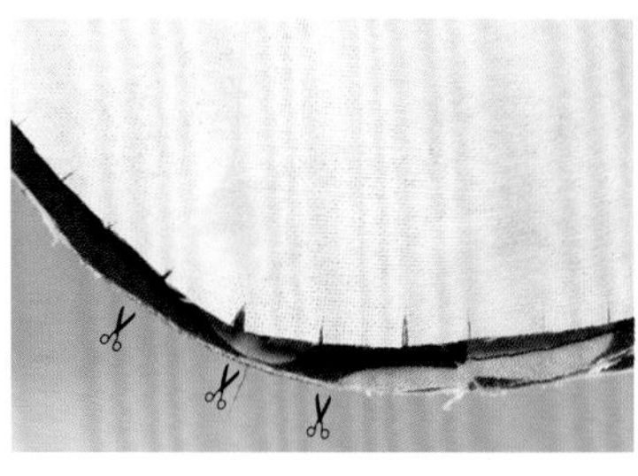

15 將夾層上緣依紙型位置與 2 片裡側身對齊，接著夾層右下左三邊與裡側身長邊正面相對，裡側身剪牙口使其對齊夾層弧度處，利用強力夾固定

16 三層車縫固定

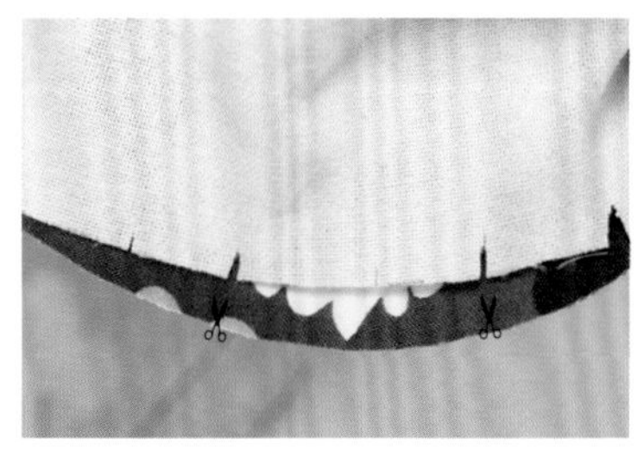

17 裡側身短邊上緣先依紙型位置與裡袋身對齊，接著裡袋身右下左三邊與裡側身長邊正面相對，裡側身剪牙口使其對齊裡袋身弧度處，利用強力夾固定

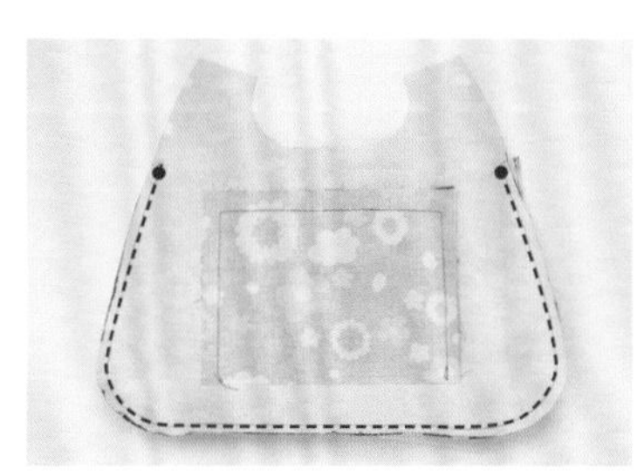

18 裡袋身與裡側身車縫至止點固定

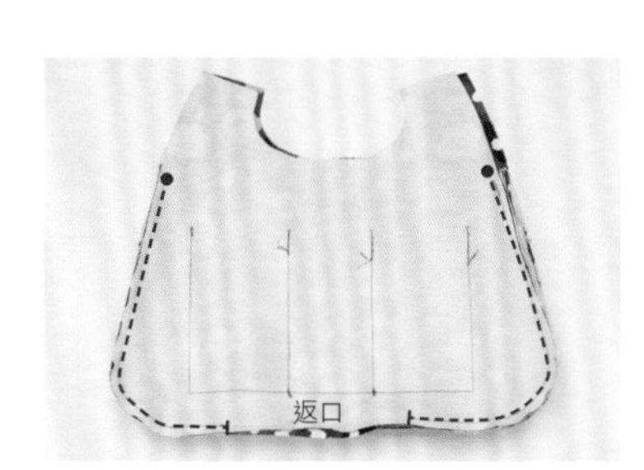

19 重複步驟 17、18 完成另一片裡袋身與裡側身的組合，袋底需留一返口

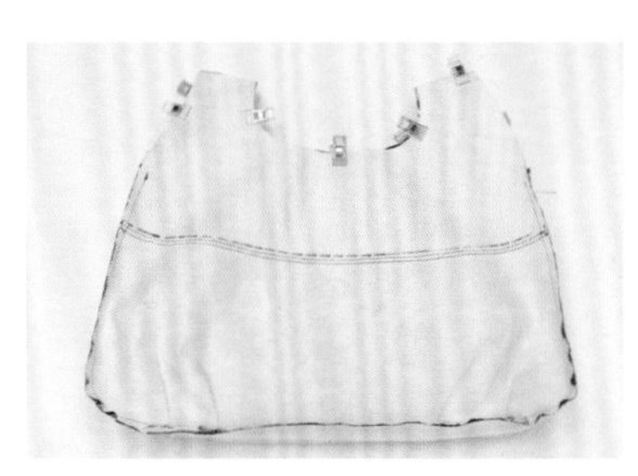

20 將正面朝外的裡袋身套入正面朝內的表袋身中，袋口利用強力夾對齊

21 將袋身袋口車縫至止點固定

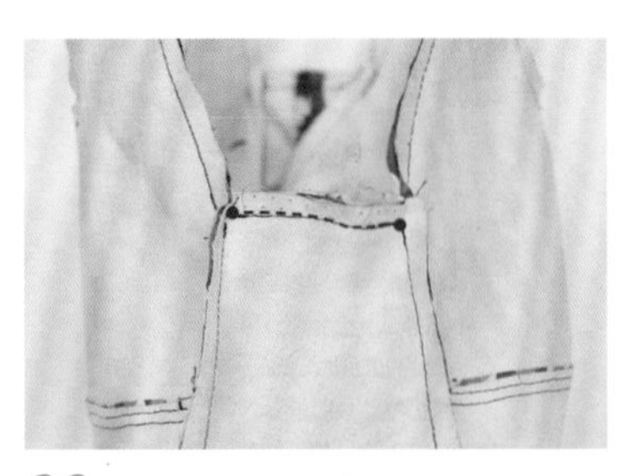

22 將袋口側邊車縫至止點固定

23 袋口弧度處剪牙口，轉彎處修剪多餘縫份

24 翻回正面整燙

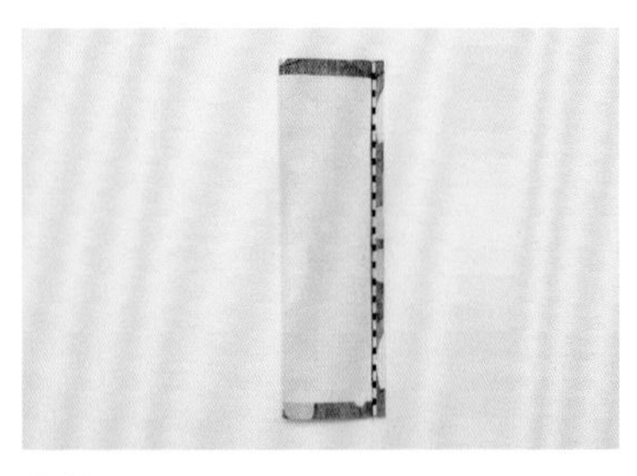

25 將上絆釦長邊正面相對車縫一道

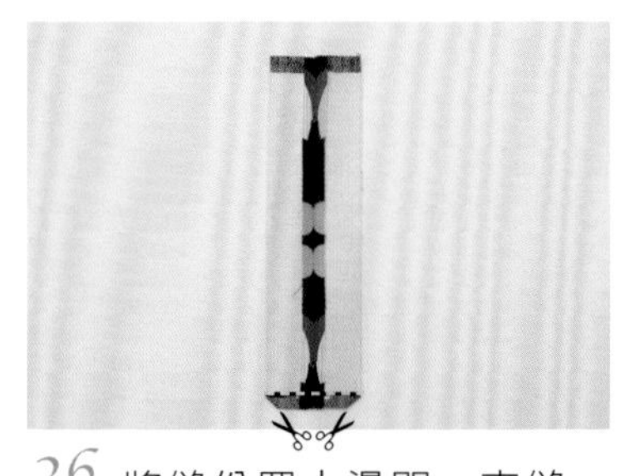

26 將縫份置中燙開，車縫一短邊，修剪多餘縫份

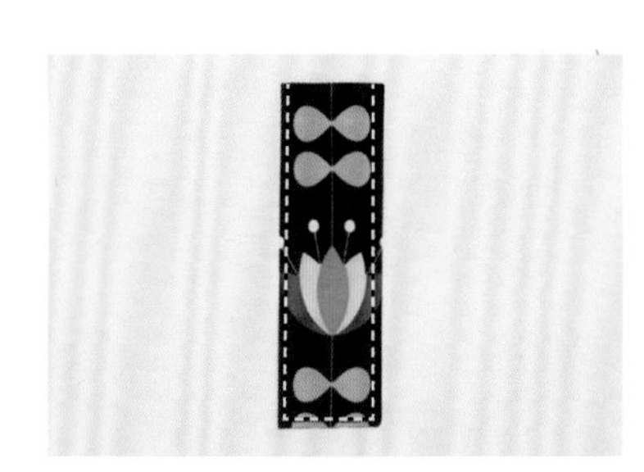

27 將上絆釦翻回正面，將未縫合的短邊縫份折入整燙，沿車合邊 0.2 公分壓裝飾線

28 重複步驟 25~27 製作下絆釦

29 於下絆釦下方往上 2 公分處裝上公磁釦

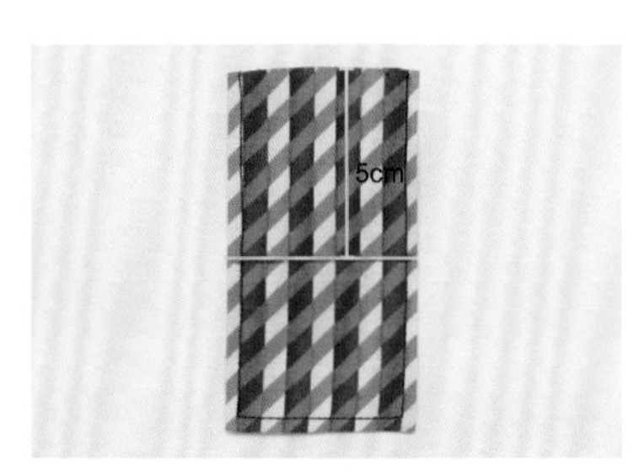

30 於下絆釦上方往下 5 公分處畫一道記號線

31 將下絆釦上方往下折至記號線，沿短邊 0.2 公分壓裝飾線形成一軌道

32 將上絆釦未縫合的短邊與後袋口中心往下 2 公分對齊，沿短邊 0.2 公分及 1 公分壓裝飾線

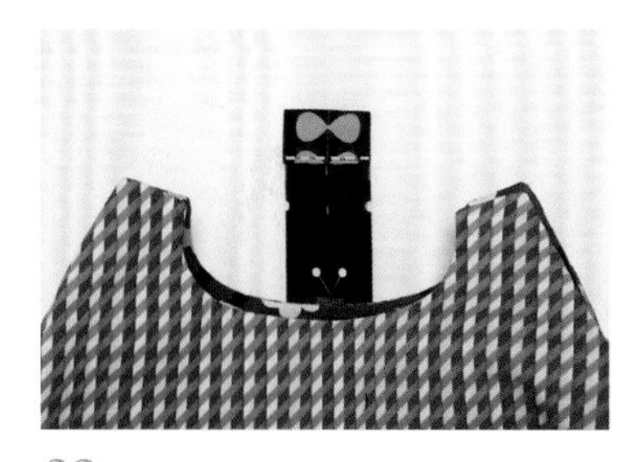

33 重複步驟 30、31 車縫上絆釦下方短邊

34 將活動式圓型環穿過上下絆釦車縫出的軌道

35 於公磁釦相對應的位置在前袋身裝上母磁釦

36 縫上皮製手把，縫合返口，完成

雅痞都會紳士包

迷幻般的重覆圖形，
以流利的線條與剪裁呈現出簡約時尚的設計美學，
一款專為男性朋友設計的包款，可依不同場合變化背法哦！

08 雅痞都會紳士包

● {完成尺寸約：35.5~40 公分 × 35 公分 × 13 公分}

Materials 材料準備

- 布料 3 色各 1 碼
- 0.8 公分鉚釘 10 組
- 四合釦 1 組
- 內徑 2 公分 D 型環 2 個
- 13 公分拉鍊 1 條
- 18 公分拉鍊 1 條
- 20 公分拉鍊 1 條
- 35 公分拉鍊 1 條
- 皮手把 1 組
- 拉鍊尾端裝飾皮片 1 片
- 側身吊耳皮片 2 片
- 厚布襯 3 尺
- 薄布襯 2 尺
- 硬襯 2 尺
- 薄袋物專用襯 0.5 尺

Cutting and Fusing Instructions 裁布

裁切尺寸皆已含 0.7 公分縫份

布料 A	表前右袋身	依紙型 1 片	
	表前左袋身	依紙型 1 片	
	表後袋身	依紙型 1 片	準備粗裁的硬襯 2 片（1片給表前袋身用）
	表側身	依紙型 1 片	燙硬襯 13 公分 × 25 公分及厚布襯（參考步驟 13）
	表拉鍊口布	5 公分 × 33 公分 × 2 片	燙未含縫份厚布襯
	袋身貼邊	依紙型 2 片	燙厚布襯
	表前右一字拉鍊口袋	17 公分 × 30 公分 × 1 片	燙薄布襯
	後一字拉鍊口袋	24 公分 × 38 公分 × 1 片	燙薄布襯
布料 B	裡袋身	依紙型 2 片	燙厚布襯
	裡側身	依紙型 1 片	燙厚布襯
	裡拉鍊口布	5 公分 × 33 公分 × 2 片	燙未含縫份厚布襯
	表前左袋身擋布	依紙型 1 片	燙薄袋物專用襯
	裡一字拉鍊口袋	22 公分 × 36 公分 × 1 片	燙薄布襯
	裡貼式口袋	34 公分 × 34 公分 × 1 片	燙薄布襯 34 公分 × 17 公分
配色布	袋口滾邊	4 公分 × 40 公分 × 2 條	斜布條
	表前左袋身滾邊	4 公分 × 50 公分 × 1 條	斜布條

How To Make 作法

01 於表後袋身製作 20 公分一字拉鍊口袋

02 將粗裁的硬襯膠面與後袋身背面相對燙好後，四周疏縫一圈加強

03 將硬襯依紙型修剪至正確尺寸

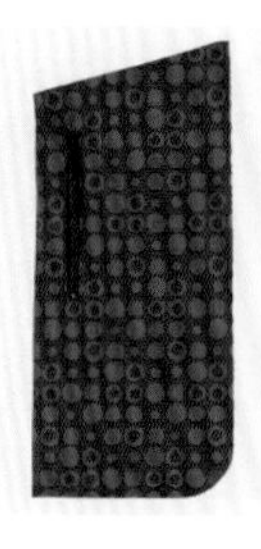

04 於表前右袋身製作 13 公分一字拉鍊口袋

05 將表前右袋身燙在粗裁的硬襯上，上右下三邊疏縫加強

06 將表前左袋身擋布與表前右袋身正面相對，由止點車縫至下方

07 將表前左袋身右斜邊與表前左袋身擋布背面相對對齊，車縫固定（小心不要車到表前右袋身），再將表前左袋身與硬襯燙好，疏縫左邊與下方加強，將硬襯修剪至正確尺寸

08 利用 18mm 滾邊器折燙所有滾邊布

不以華麗的外表取勝，
直接將重點放在寬大的袋蓋上，
以學院式的設計投射出青春洋溢的帥氣，
為年輕注入新形象的包款。

率性學院大書包

● {完成尺寸約：37 公分 × 29 公分 × 13 公分}

Materials 材料準備

- 布料 3 色各 1 碼
- 網布 1 尺
- 5 公分寬織帶 7 尺
- 0.8 公分鉚釘 6 組
- 四合釦 2 組
- 0.6 公分暗釦 1 組
- 內徑 5 公分口型環 2 個
- 內徑 5 公分日型環 1 個
- 18 公分拉鍊 1 條
- 30 公分拉鍊 1 條
- 裝飾護角 2 個
- 書包釦 1 組
- 厚布襯 4 尺
- 薄布襯 2 尺
- 硬襯 2 尺

Cutting and Fusing Instructions 裁布

裁切尺寸皆已含 0.7 公分縫份

布料 A	表袋蓋	依紙型 1片	燙未含縫份硬襯
	表後下袋身	依紙型 1 片	燙厚布襯
	表袋底	15 公分 × 39 公分 × 1 片	燙未含縫份厚布襯
	後拉鍊口袋	24 公分 × 38 公分 × 1 片	燙薄布襯
	前口袋裡布	17 公分 × 19 公分 × 2 片	
	裡前網布口袋滾邊	4 公分 × 45 公分 × 1 條	斜布條
	裡後網布口袋滾邊	4 公分 × 40 公分 × 1 條	斜布條
	袋口滾邊	4 公分 × 105 公分 × 1 條	斜布條
	拉鍊擋布	3 公分 × 7 公分 × 4 片	
布料 B	裡袋蓋	依紙型 1片	燙未含縫份厚布襯
	表後上袋身	依紙型 1 片	燙厚布襯
	表前袋身	依紙型 1 片	燙厚布襯
	表側身	15 公分 × 29 公分 × 2 片	燙未含縫份厚布襯
	前口袋表布	17 公分 × 19 公分 × 2 片	燙厚布襯 15 公分 × 13 公分（參考步驟 1 ）
布料 C	裡袋身	依紙型 2片	燙厚布襯
	裡側身	15 公分 × 93 公分 × 1 片	燙厚布襯
	裡一字拉鍊口袋	22 公分 × 36 公分 × 1 片	燙薄布襯
	裡隔層	依紙型 1片	燙未含縫份 ½ 硬襯
網布	裡前網布口袋	16 公分 × 43 公分 × 1 片	
	裡後網布口袋	20 公分 × 39 公分 × 1 片	

另裁切硬襯 15 公分 × 93 公分 × 1 片

率性學院大書包

How To Make 作法

01 依圖示於前口袋表布燙上厚布襯，與前口袋裡布正面相對，車縫一圈，袋底留一返口

02 修剪多餘縫份

03 將前口袋翻回正面，袋口沿邊 0.7 公分壓裝飾線

04 將前口袋側邊打褶，褶深為 2 公分

05 如此完成 2 個前口袋

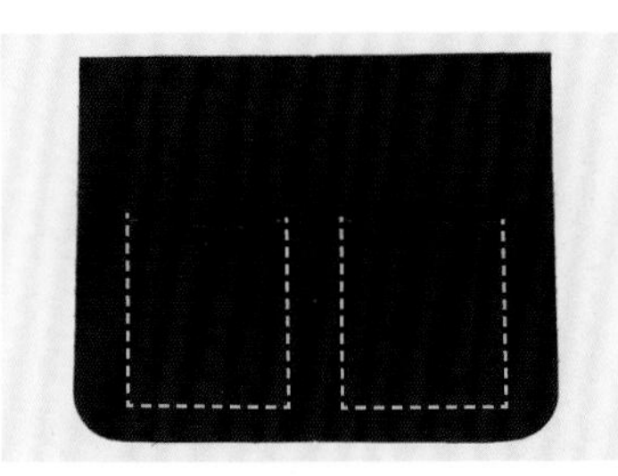

06 將前口袋依紙型位置車縫於表前袋身上

07 於表前袋身裝上書包釦扣環，前口袋與表前袋身打上四合釦

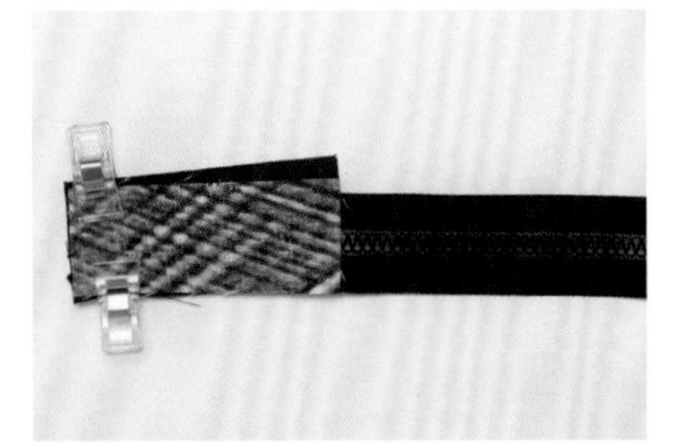

08 將拉鍊擋布與 30 公分拉鍊短邊正面相對

09 將拉鍊擋布與拉鍊車縫固定

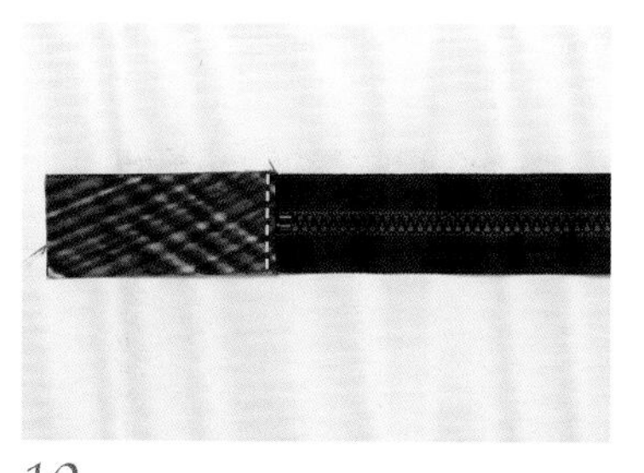

10 將拉鍊擋布翻回正面，沿車合邊 0.2 公分壓裝飾線

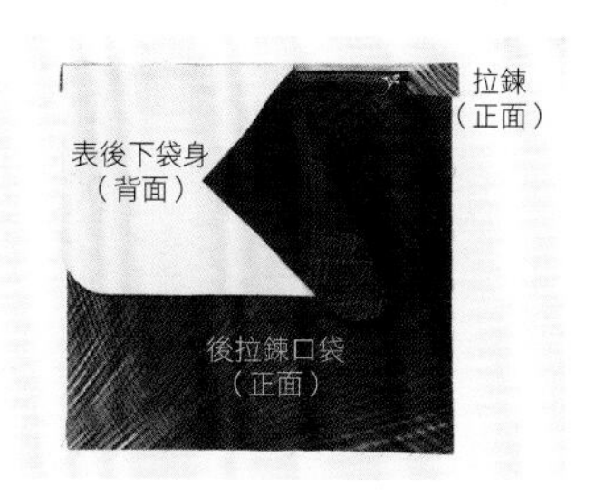

11 利用水溶性膠帶黏合表後下袋身、拉鍊與後拉鍊口袋

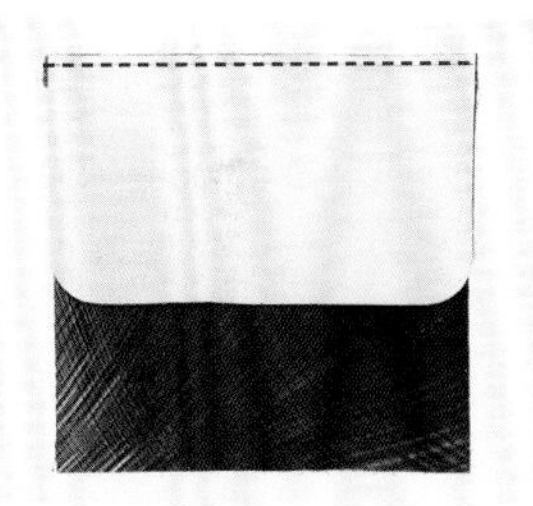

12 三層車縫固定

13 將表後下袋身翻回正面，沿車合邊 0.2 公分壓裝飾線

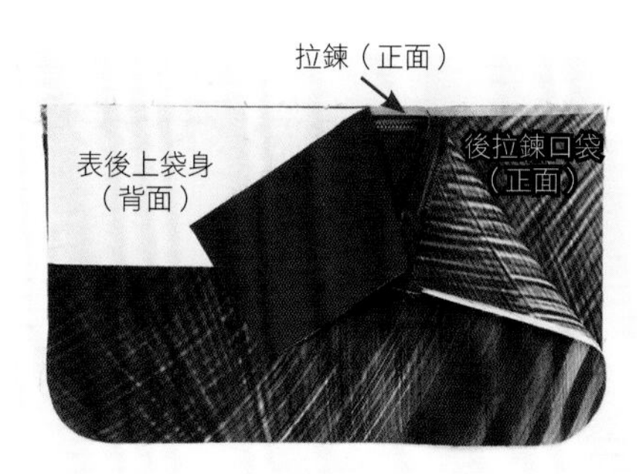

14 將後拉鍊口袋另一短邊往上折與拉鍊另一長邊對齊，利用水溶性膠帶黏合表後上袋身、拉鍊與後拉鍊口袋

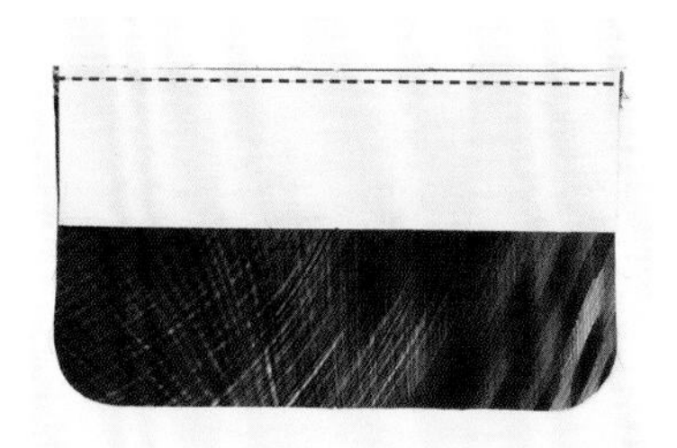

15 三層車縫固定

16 將表後上袋身翻回正面，沿車合邊 0.2 公分壓裝飾線

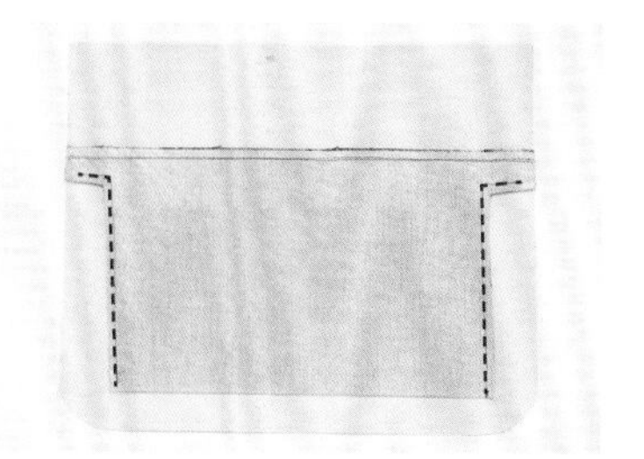

17 將後口袋先從擋布下方車至拉鍊兩端，再往下車縫側邊，將縫份修減至約 1 公分

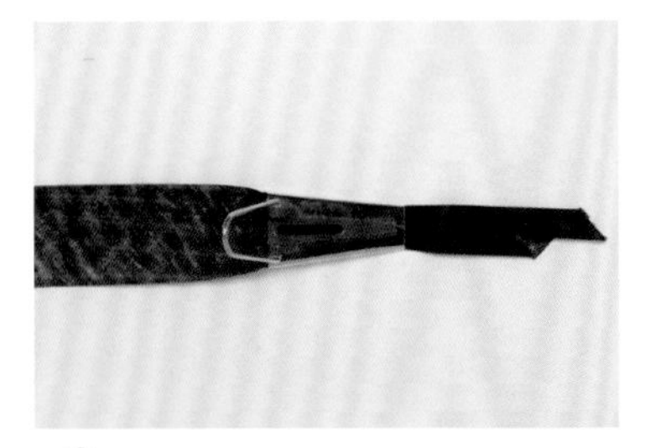

18 利用 18mm 滾邊器折燙所有滾邊布

19 將滾邊與網布上方正面相對車縫

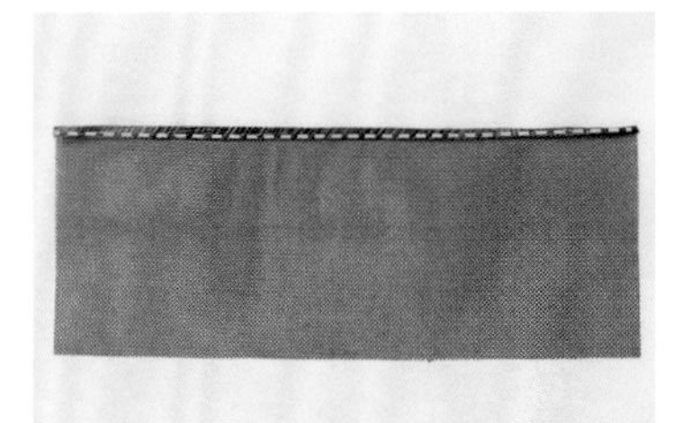

20 將滾邊翻至網布背面 ，縫份折入，沿滾邊布邊 0.1 公分壓裝飾線，同時固定滾邊

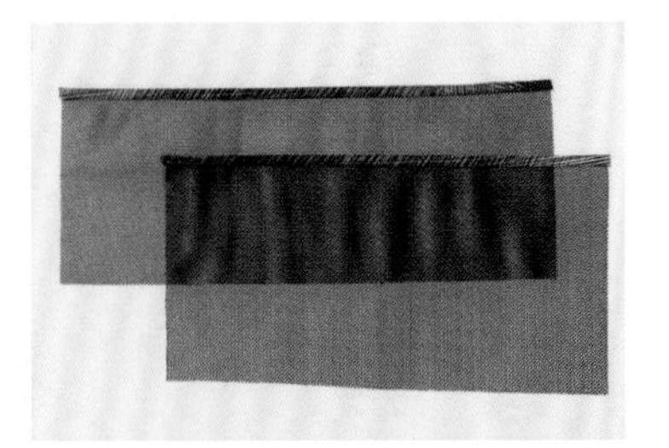

21 如此完成裡前網布口袋與裡後網布口袋

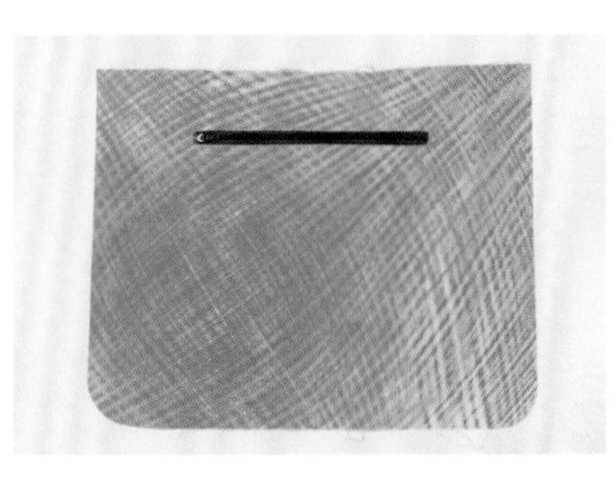

22 裡前袋身依紙型位置製作一字拉鍊口袋

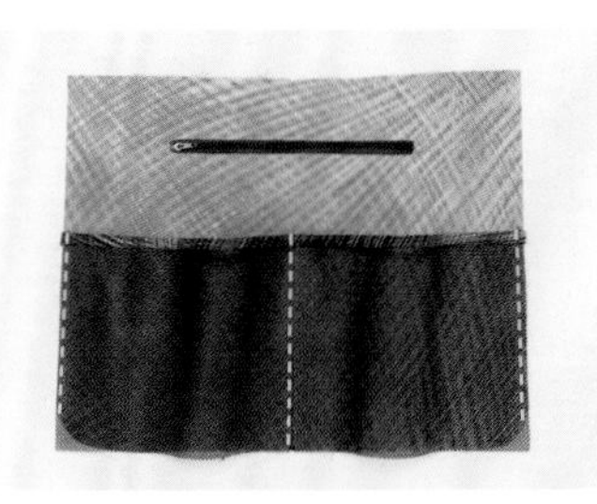

23 將裡前網布口袋下方與裡前袋身下方對齊，車縫分隔線，再將口袋布左右與裡前袋身左右分別對齊疏縫

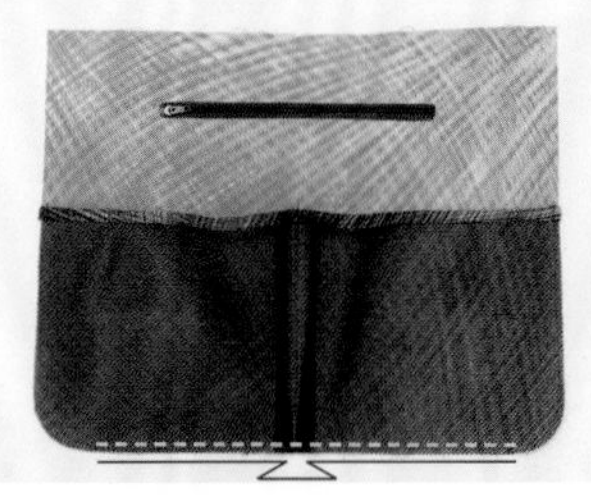

24 於網布口袋中間線兩側打褶，將網布口袋與裡前袋底疏縫，網狀口袋修剪與裡前袋身相符

25 將裡後網布口袋與裡後袋身下方對齊，右下左三邊疏縫，網狀口袋修剪與裡後袋身相符

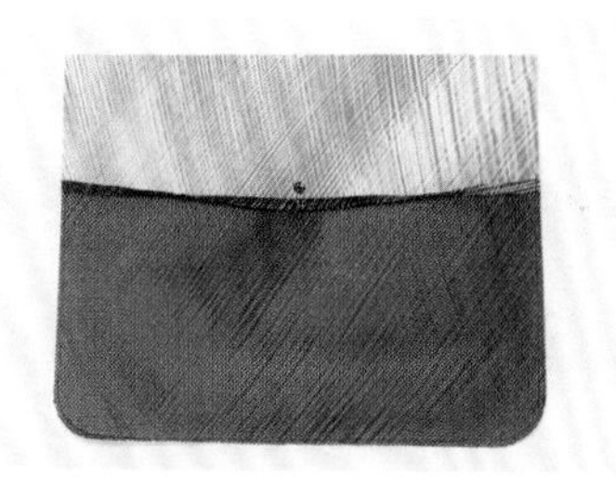

26 於裡後網布口袋袋口處縫上暗釦

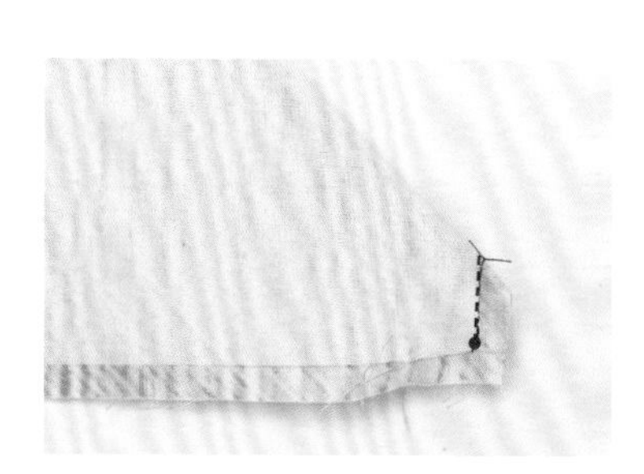

27 裡隔層布四角垂直短邊正面相對車縫至止點，尖點處不回針，留一段線頭打死結以免車縫線脫落後將多餘線頭剪掉，縫份燙開

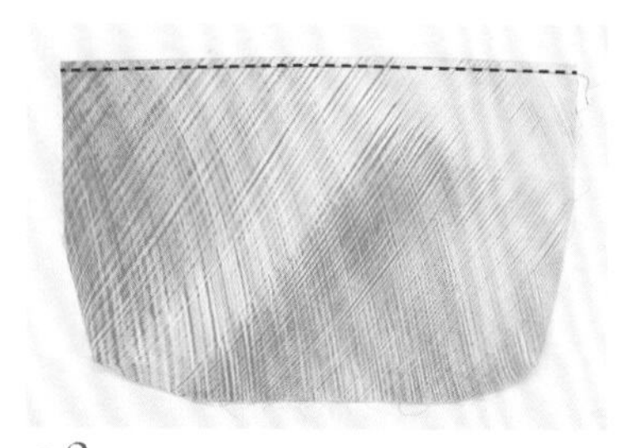

28 將裡隔層布背面相對上下對折，沿對折邊 0.7 公分壓裝飾線

29 將裡隔層右下左三邊立體形狀折燙好，沿邊 0.2 公分壓裝飾線

30 將裡隔層與裡後袋身下方對齊，右下左三邊疏縫

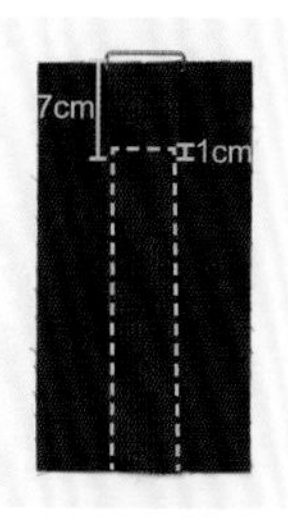

31 將織帶剪下 35 公分 2 條，置於表側身中間，織帶上方穿過口型環，往下折至袋口往下 7 公分處，沿織帶側邊 0.2 公分壓裝飾線至過吊耳折入處 1 公分轉直角車至另一側邊，再轉直角車縫

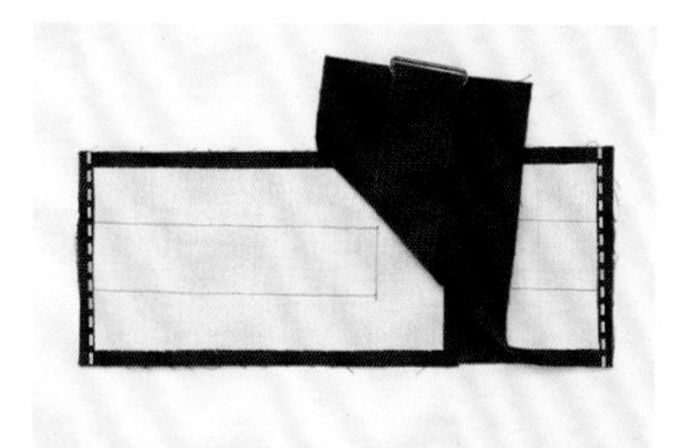

32 將表側身下方與表袋底短邊正面相對車縫

33 將縫份倒向表袋底，整片表側身 + 表袋底燙上另行裁剪的 15 公分 × 93 公分硬襯

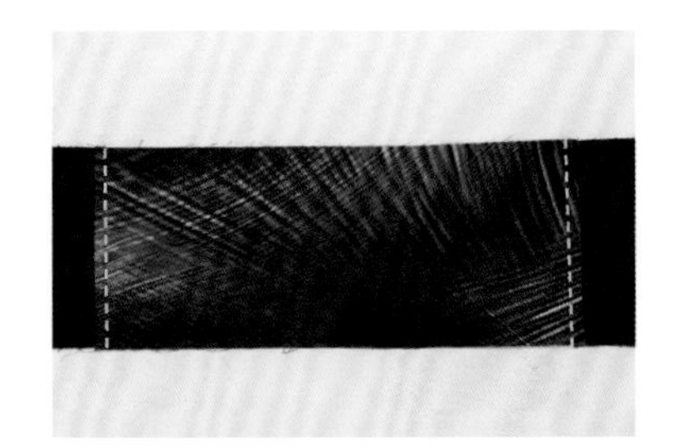

34 沿邊於表袋底 0.7 公分壓裝飾線

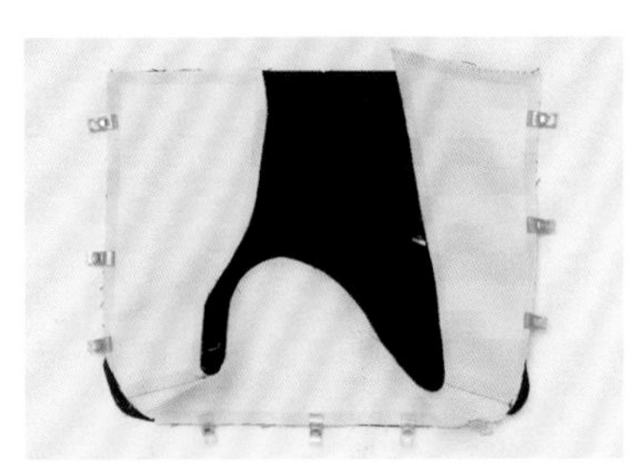

35 將表前袋身與表側身正面相對，側邊與底部先用強力夾固定。弧度處剪牙口

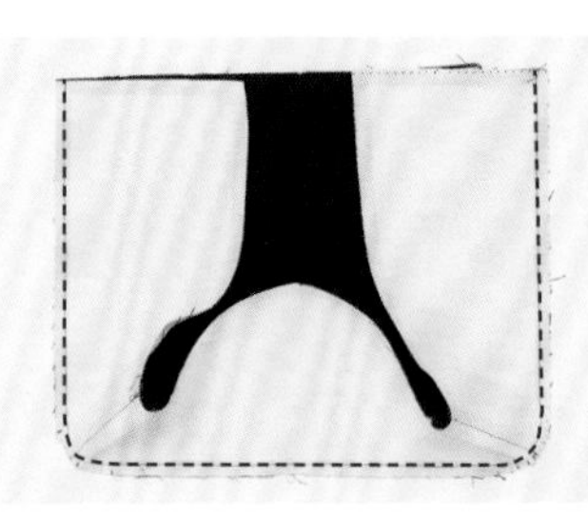

36 表前袋身與表側身車縫固定

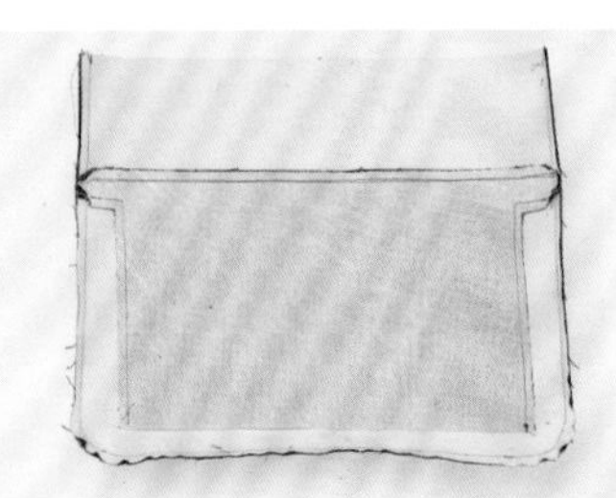

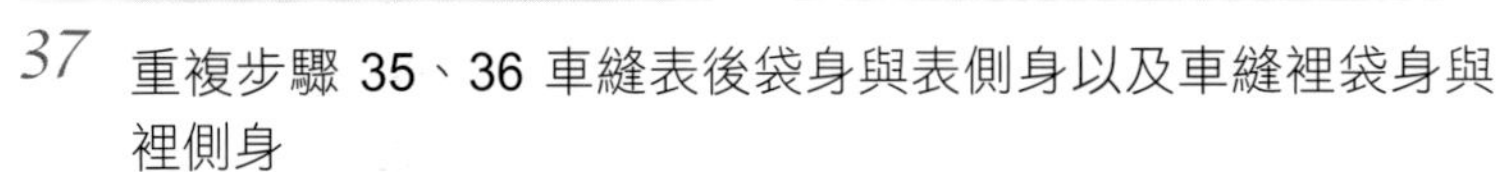

37 重複步驟 35、36 車縫表後袋身與表側身以及車縫裡袋身與裡側身

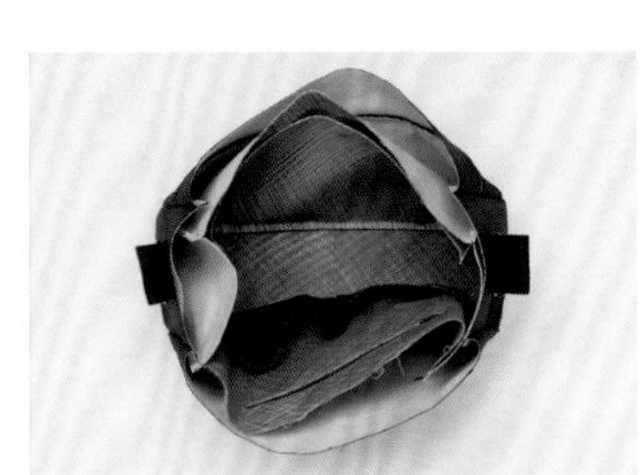

38 將正面朝內的裡袋身套入正面朝外的表袋身中

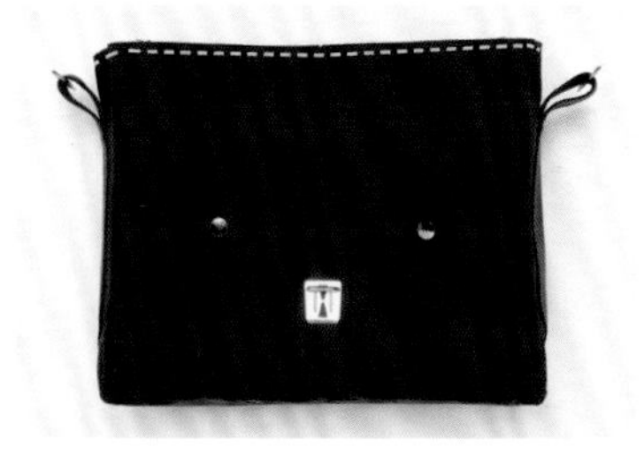

39 將表裡袋身袋口對齊疏縫一圈

40 將袋口滾邊布與表袋口一圈正面相對，頭尾縫份藏好，車合一圈固定

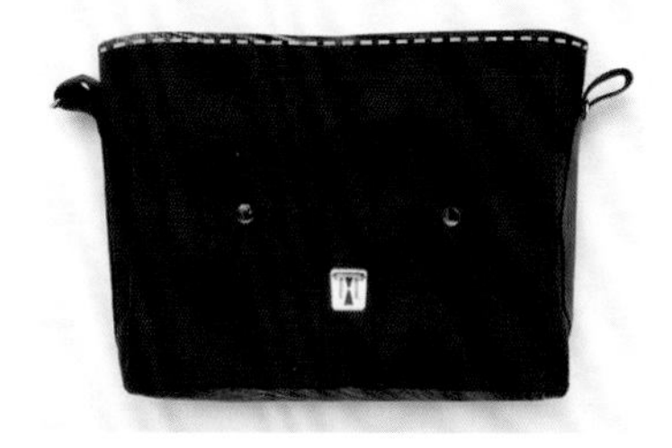

41 將滾邊布翻至裡袋口，縫份折入，沿滾邊布邊 0.1 公分壓裝飾線，同時固定滾邊

42 將表裡袋蓋正面相對，車縫右下左三邊，修剪多餘縫份

43 將袋蓋翻回正面整燙，沿右下左三邊 0.2 公分壓裝飾線

44 將表袋蓋與表後袋身正面相對，上緣依紙型位置，車縫於後袋身上

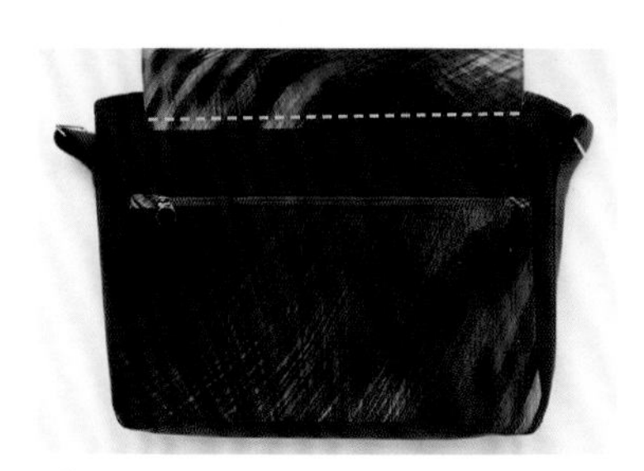

45 將袋蓋往上翻，沿車合邊 1 公分壓裝飾線，同時固定袋蓋

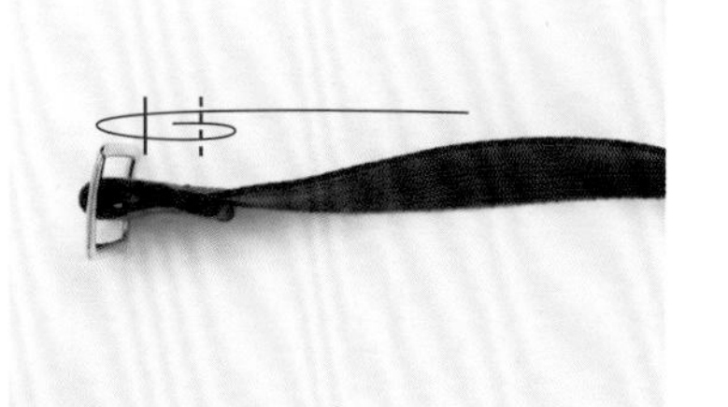

46 將織帶一端穿過日型環後，往中間折入約 1 公分，車縫固定

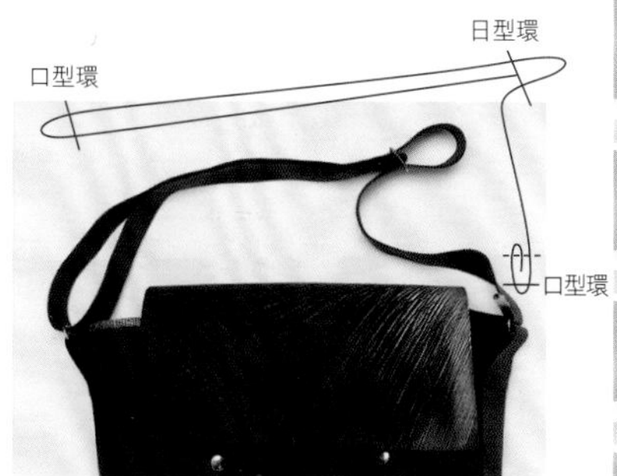

47 依圖示將織帶穿過口型環與日型環並將另一端縫份折入車縫固定

48 於袋蓋及後袋身滾邊與袋蓋車縫線之間兩側打上鉚釘，並於袋蓋裝上裝飾護角及書包釦插釦

49 於側邊織帶袋口下約 2 公分打上鉚釘，完成

完成這 10 款作品，我蛻變成長了，那你呢？
希望這本書能夠對走在手作路上的你，有所幫助。
讓我們一起繼續走下去。

貼式口袋作法

Materials 材料準備

- 口袋布（所需口袋寬度）×（所需口袋高度×2）
- 薄布襯（所需口袋寬度）×（所需口袋高度）

01 口袋布其中半邊燙上薄布襯

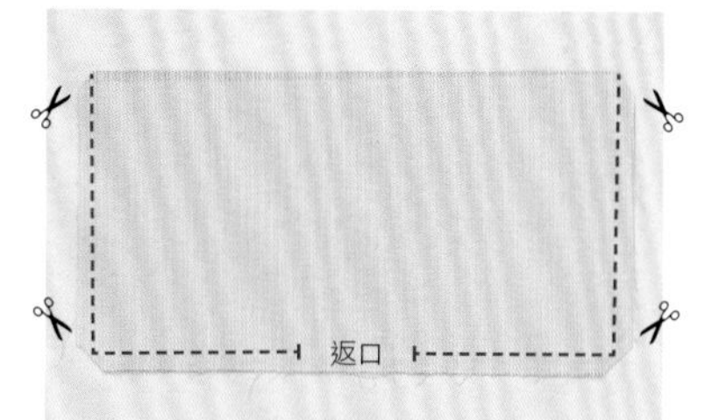

02 將口袋布正面相對對折，車一ㄩ型，需留一返口，修剪多餘縫份

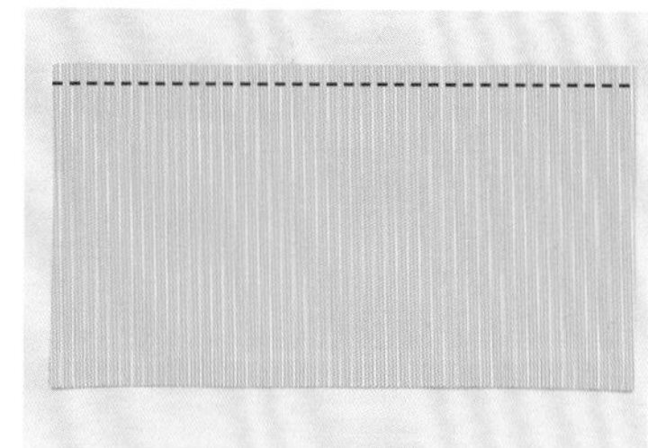

03 由返口翻回正面整燙，對折處為袋口，沿袋口壓裝飾線

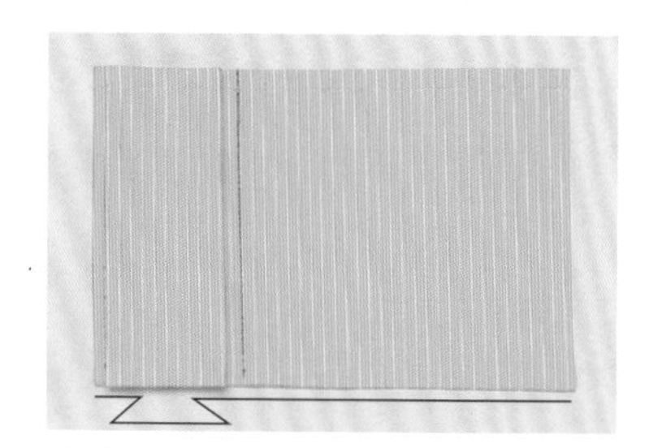

04 折燙所需之立體口袋，可沿折燙處 0.2 公分車縫使其更為牢固

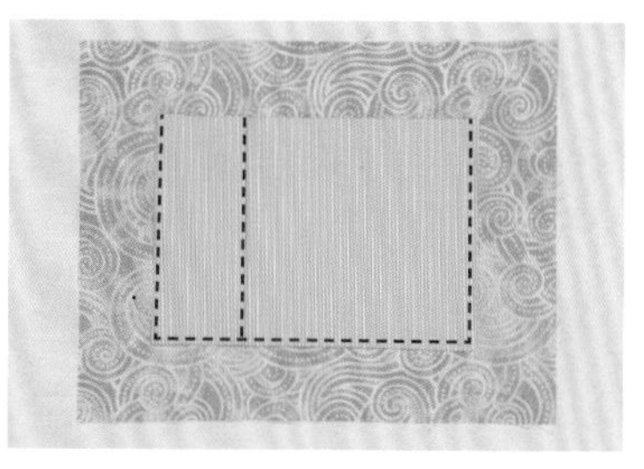

05 將口袋固定在裡袋上，先車縫分隔線，再沿口袋邊緣 0.2 公分車縫 U 字型固定口袋，即可完成

一字拉鍊口袋作法

Materials 材料準備

- 拉鍊1條
- 口袋布（拉鍊長度＋4公分）×（所需口袋深度×2＋4公分）
- 薄布襯（同口袋布尺寸）

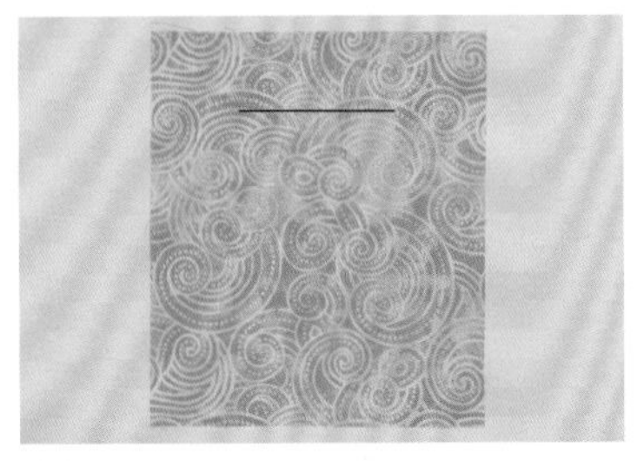

01 於裡袋要上拉鍊口袋處畫出一條直線，長度為拉鍊長

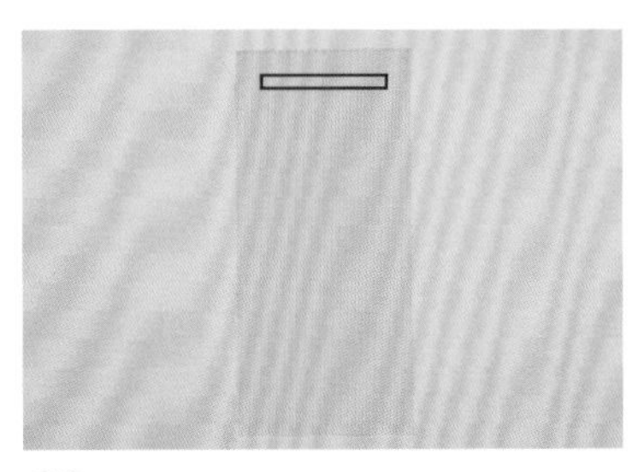

02 口袋布燙上薄布襯，於口袋布上方往下約 2 公分處畫出一個長方形，長度為拉鍊長，寬度約 1 公分

03 利用珠針將口袋布長方形上邊與裡袋的直線正面對正面對齊固定

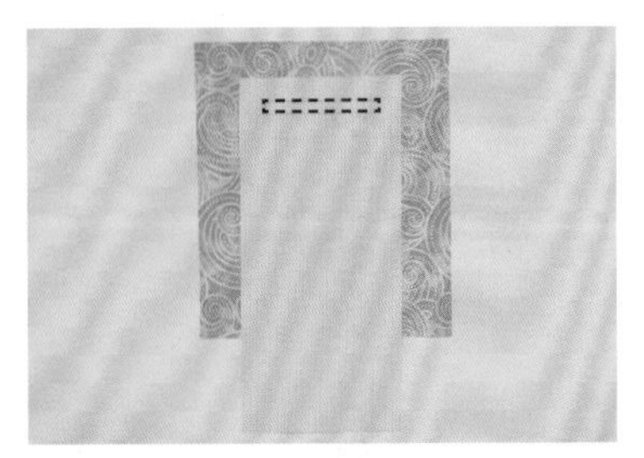

04 車縫長方形

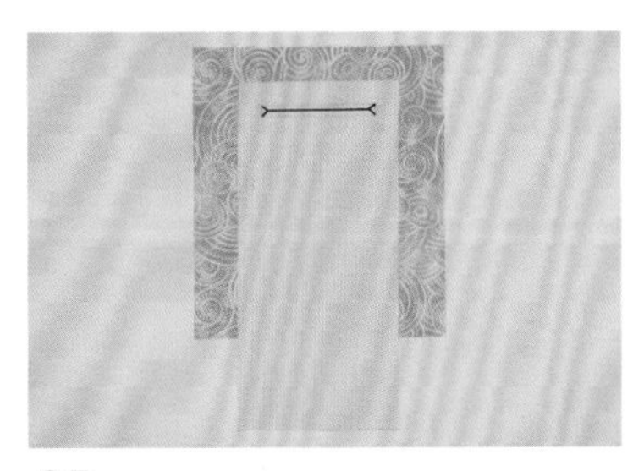

05 於長方形中央畫出 >——< 記號，並沿記號剪開，小心不要剪到縫線

06 由剪開的洞口將口袋布往後翻至內袋背面整燙

07 利用水溶性膠帶黏上拉鍊

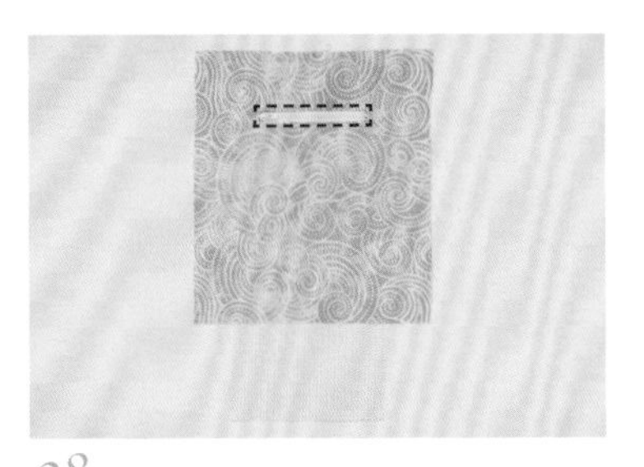

08 換上拉鍊壓布腳沿洞口 0.2 公分車縫一圈裝飾線固定拉鍊

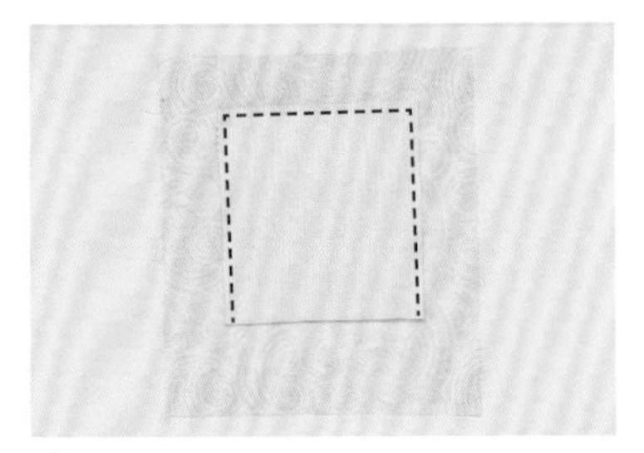

09 翻至背面，將口袋布往上對折，車縫ㄇ字型，小心不要車到內袋，即可完成

常用工具

COMMON TOOLS

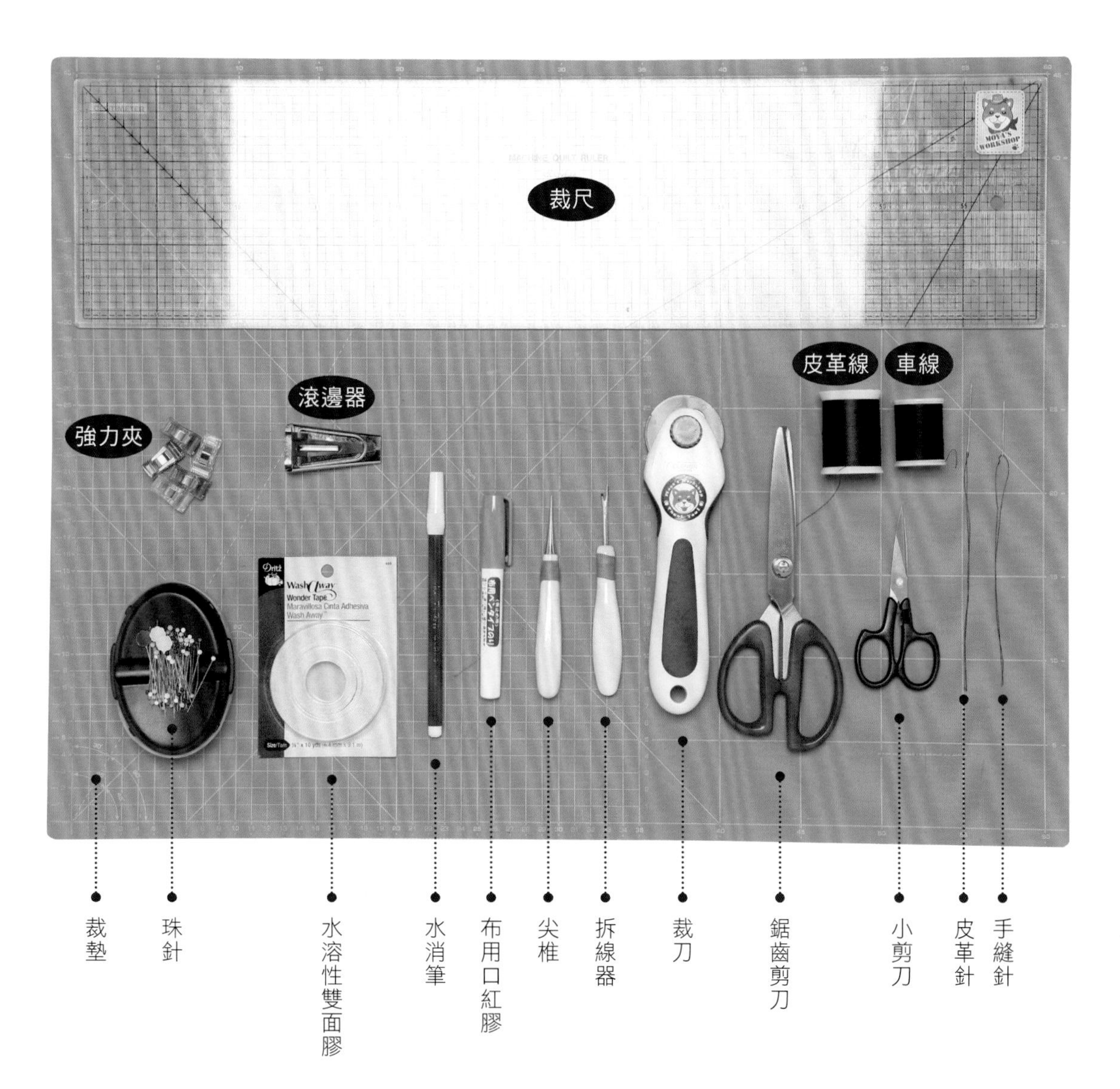

常用配件

COMMON ACCESSORIES

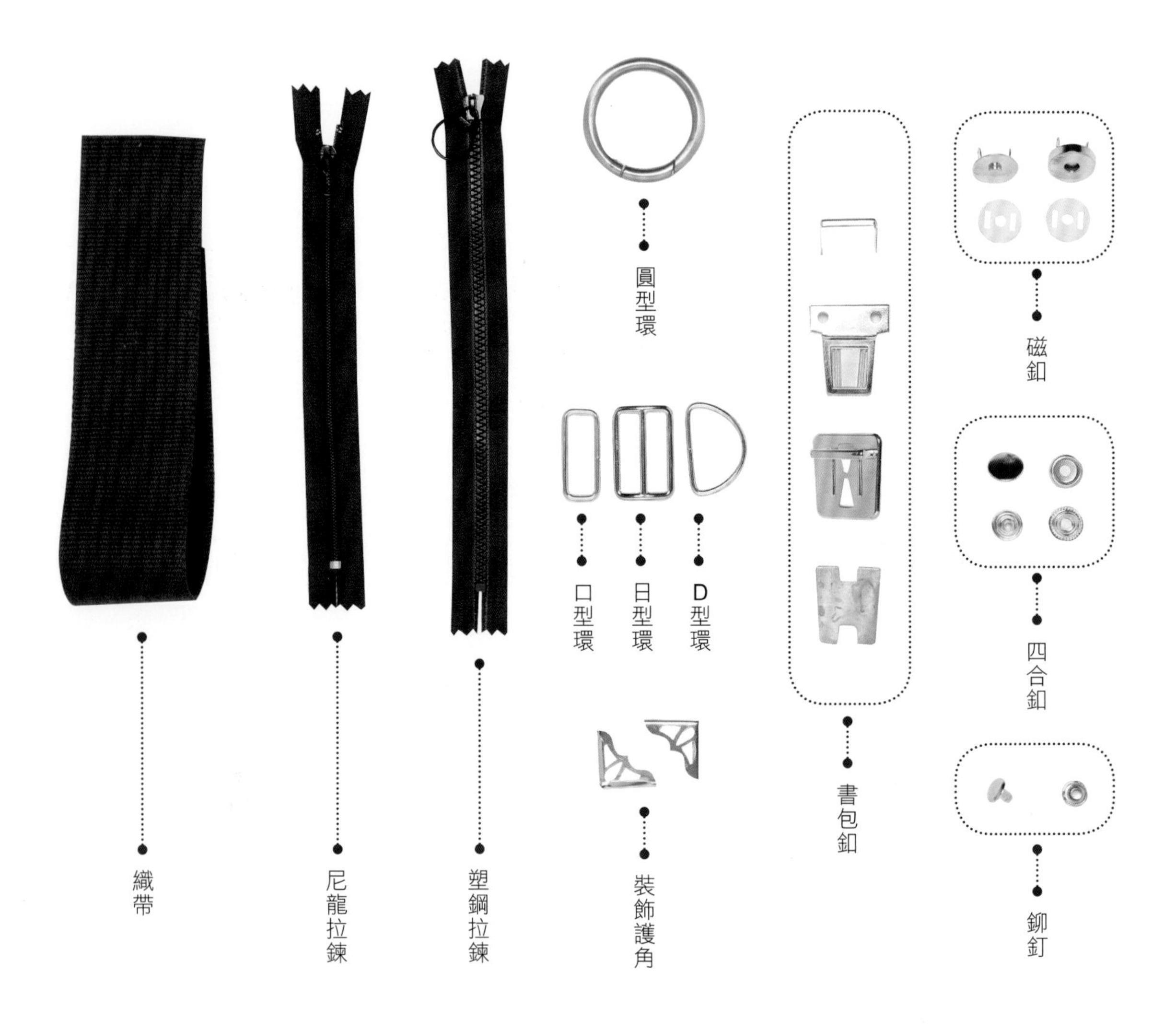

磁釦安裝

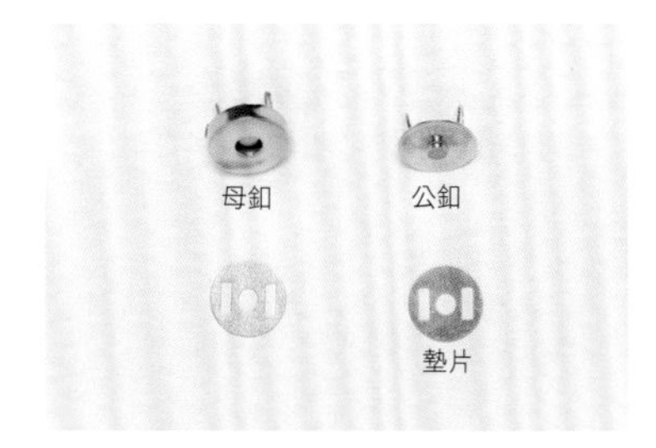

01 磁釦 1 組有 4 個零件

02 確定好要安裝磁釦的位置，將檔片中央對齊開磁釦的位置，於兩邊長方形開口處中央畫上直線記號

03 利用拆線器割開直線記號

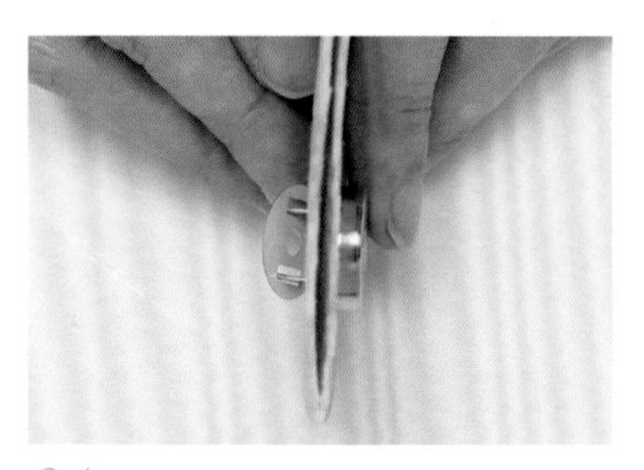

04 將磁釦的腳穿過拆開的位置，再穿過墊片

05 將磁釦腳往兩側壓平

06 於相對應位置裝上另一邊磁釦，完成

鉚釘安裝

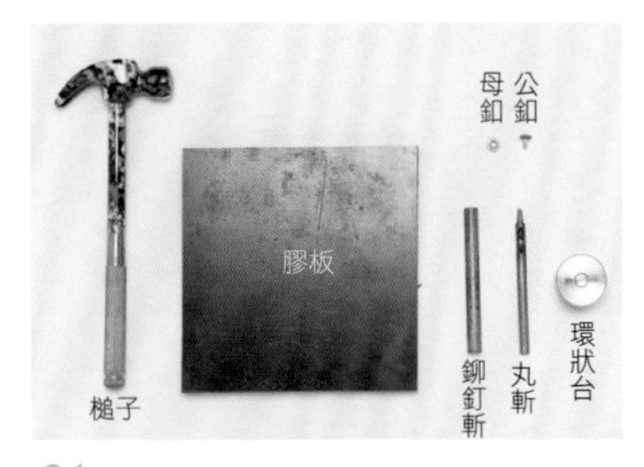

01 鉚釘 1 組有 2 個零件及需要照片中的工具固定

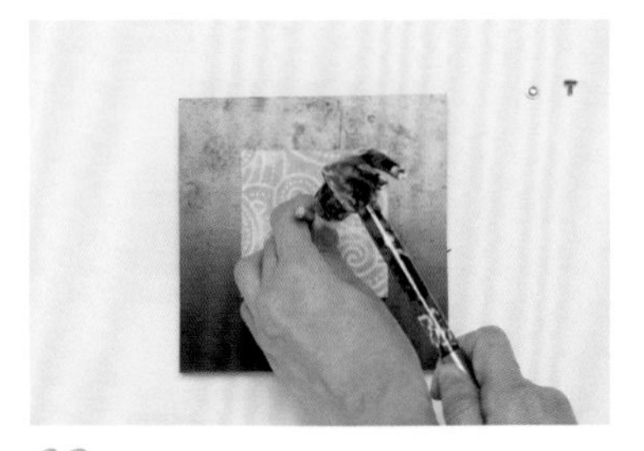

02 確定好要安裝鉚釘的位置，將布料置於膠板之上，利用丸斬於鉚釘位置打洞

03 將公釦置於布料背面，公釦的平面置於環狀台上

04 將母釦扣於公釦上

05 利用鉚釘斬敲擊母釦固定，完成

四合釦安裝

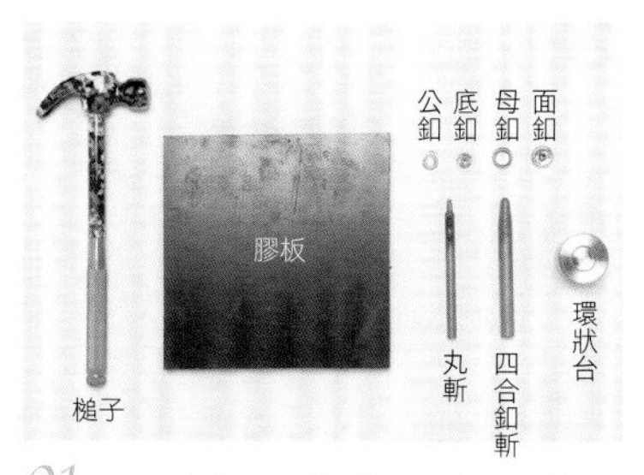

01 四合釦 1 組有 4 個零件及需要照片中的工具固定

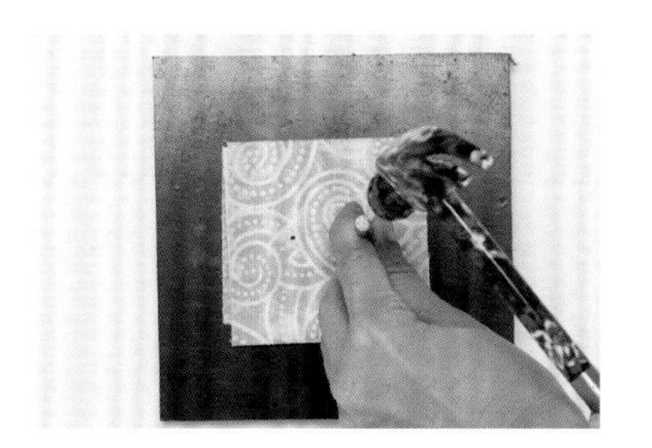

02 確定好要安裝四合釦的位置，將布料置於膠板之上，利用丸斬於四合釦位置打洞

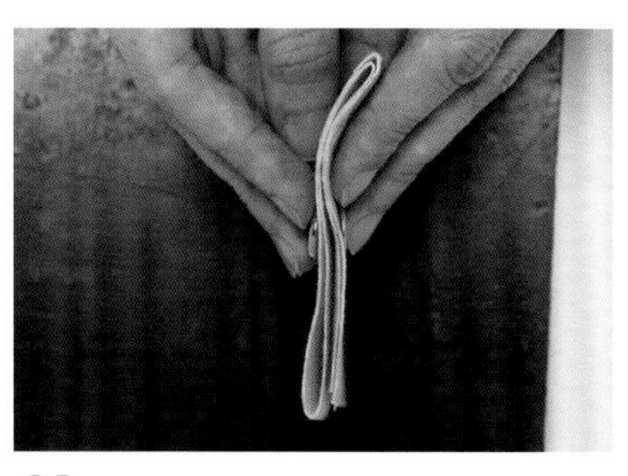

03 將面釦置於作品表面，面釦的腳穿過布料，再穿過母釦

04 面釦的平面置於環狀台上，利用四合釦斬敲擊面釦的腳固定

05 完成面釦與母釦的固定

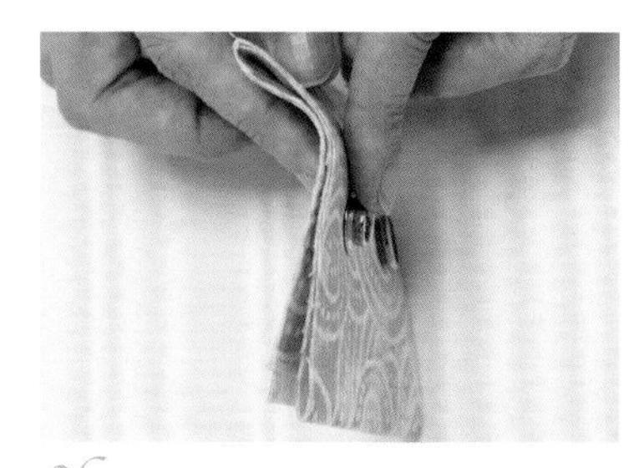

06 於母釦相對應位置打洞，將底釦置於背面，底釦的腳穿過布料，再穿過公釦

07 將底釦置於平面表面上，利用四合釦斬敲擊底釦的腳固定

08 完成四合釦安裝

國家圖書館出版品預行編目(CIP)資料

美日・好包 / 陳玉玲作. -- 初版. -- 臺北市 : 莫亞拼布工作室, 2014.11
面； 公分
ISBN 978-986-91156-0-5(平裝)

1.拼布藝術 2.手提袋
426.7 103020124

美日・好包 Bag a Good Day

作者 / 陳玉玲
主編 / tammy
美術主編 / 許銘芳
情境攝影 / 廖家威
步驟攝影 / 莊孫文

發行人 / 莫亞拼布工作室 Moya's Workshop
總策劃 / Moya
電子信箱 / moyasworkshop@gmail.com

總經銷 / 朝日文化事業有限公司
網站 / http: //www.sunrise-books.com.tw/
地址 / 新北市中和區橋安街15巷1號7樓
電話 / (02) 2249-7714
傳真 / (02) 2249-8715

初版 / 2014年11月
定價 / 新台幣300元